全国“十三五”精品规划教材

手工教程

主　编　何慧春　许振坤
副主编　杨舒婷　曾胜强　高　山
　　　　方　静　方　媛　陈晓敏

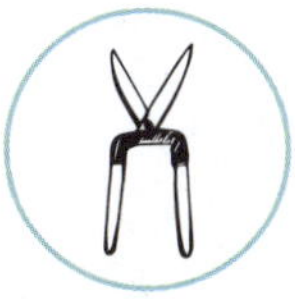

河北美术出版社

图书在版编目(CIP)数据

手工教程／何慧春主编．——石家庄：河北美术出版社，2019.8

ISBN 978-7-5310-9930-7

Ⅰ．①手… Ⅱ．①何… Ⅲ．①学前教育－手工课－幼儿师范学校－教材 Ⅳ．①G631.6

中国版本图书馆 CIP 数据核字（2019）第 132791 号

责任编辑：甄玉丽　齐炯明
装帧设计：北京睿恒盛彩图文设计有限公司
责任校对：王玙璠
出　　版：河北美术出版社
发　　行：河北美术出版社
地　　址：河北省石家庄市和平西路新文里 8 号
邮　　编：050071
电　　话：0311－87060677
网　　址：www.hebms.com
印　　刷：北京佳创奇点印刷有限公司
开　　本：787 毫米×1092 毫米　1/16
印　　张：16.25
印　　数：1～5000
版　　次：2021 年 7 月第 2 版
印　　次：2021 年 7 月第 1 次印刷
定　　价：56.00 元

质量服务承诺：如发现缺页、倒装等印刷质量问题，可直接向本社调换。
服务电话：0311－87060677

目　录

绪　论

一、手工概说

从最广泛的意义上说，“手工”就是指“手工艺”，也就是指人根据一定的目的和功能，借助手的劳动技能，去利用或加工改造各种形态的物质材料，制造自己或他人所需要的制品的生产活动，或是从事这种活动的技艺。各种各样的手工创造活动及其制品，不仅体现出人类改造自然，改善生活的成果，是人类创造的物质文化的组成部分，同时也是运用、发挥人类智慧与才能，表现各个不同时代、社会普遍的审美规范和审美理想的过程。因此，手工艺同时也是构成人类艺术文化的重要部分。从古至今，不同地域国家、不同民族的人们通过劳动创造了异常丰富的手工艺种类和文化传统，我国的手工艺更是源远流长，种类繁多，精彩纷呈。学习、了解和掌握中外各具特色的手工创作技巧，对于文化发展和促进学生的全面发展意义重大。

在学校中，手工作为一种培养创造意识、设计思维、动手能力的艺术教育活动，对于促进学生认识和实践能力发展，心灵手巧，学会创造发挥了不可替代的作用，对于奠定学生发展所需要的基本素质，提高他们未来从事生产劳动、发明创造和美化生活等方面的能力显然具有非常重要的现实意义。

二、手工创作的基本规律

手工制作根据它们的目的和功能不同，往往具有不同的要求和性质。总体来说，我们大体可以把所有的手工活动分为两类：一类是仿制手工，一类是手工创作。其中前者，或按照成品仿制，或按工作图施工，都是一种习作性的手工制作，其目的侧重于学习和掌握制作各种手工的制作技术，提高动手能力，间接地认识和了解手工的不同特色和创作规律；而后者，或者根据某手工品种的原理独立设计制作，或者运用、发挥手工原理去进一步开拓、创制新的品种，都是一种创造性的手工制作，其目的侧重于锻炼创造意识与创造思维，学习创作方法，在直接的手工实践活动中发挥创造才能，提高艺术和技术创造能力，发展审美能力和创造性思维。

三、手工的创作过程

手工的创作一般是由若干个各具特色而又相互联系的工作环节构成的。不同的手工种类、不同的创作目的和用途，其环节、数量、先后顺序往往因人因事而异。从普遍意义上讲，手工创作的关键性环节大体应该包括以下几点。

1. 意图：意图的出现既创作的前提，也是创作的开端。

2. 构思：这是一种实现创作意图、开辟创作道路，而又支配创作过程的形象思维活动。

3. 设计：设计一般通过完成设计图来体现，它是将构思进一步化为具体工作方案的阶段。设计图分为效果图（直观图）和工作图（制作图）两种。

4. 选材：正确恰当地选择形态、质地、尺度适宜的手工材料，是保证顺利实现构

思和设计的重要前提条件。

5. 制作：是运用经过选择的、恰当的工具材料和技术、工艺手段去完成手工制品的施工阶段。

6. 装饰：对手工制品外层施加的恰如其分的涂绘、髹饰，或者贴面装饰，不仅具有美化手工制品的审美功能，而且还具有保护制成品的实用功能，因此也是具有独立性质的手工艺创作环节。

四、手工创作的主要制约因素

从本质上说，手工是对物质材料进行艺术改造的创造活动，它不仅是各种主、客观因素构成的有机整体，而且必然要受到若干内外部条件的制约和影响。这里仅仅列举如下：

1. 手工制品的创作，要受到使用功能的制约。
2. 手工制品的创作，要受制作材料的限制。
3. 手工制品的创作，要受加工方法和技术手段的制约。
4. 手工制品的创作，要受审美观念的制约。
5. 手工制品的创作，要受社会价值的制约。

第一章　平面纸工造型及技法

第一节　折纸造型

一、学海导航

知识与能力目标

了解剪纸艺术的基本知识，认识常见的装饰纹样。

过程与方法目标

通过折纸学习，掌握折纸的基本折法。

情感、态度、价值观目标

通过折、剪等活动，增加学生学习折纸的兴趣。

一、基础知识

折纸是将纸材利用折叠的方法制作成各种人物、动物、植物和其他形态的艺术造型方法。折纸活动可促进人手脑的相互协调发展，并进一步启发人的逻辑思维和创造力。因此，现代折纸已经不再只是儿童的游戏，而成为一种既富挑战性又能启发思维的、有益身心的手工活动。学前教育创始人，德国教育大师福禄培尔认为折纸能够非常好地启迪智慧，并将折纸与自己的教育学说结合起来，在他创办的世界第一所幼儿园——勃兰登堡幼儿园中开设折纸课程，这种做法后来被推广到了全世界。

（1）折纸的基本材料和工具

剪刀、铅笔、美工刀、胶水、各色手工纸等 。

（2）折纸符号介绍

1. 正折（图 1-1-1）

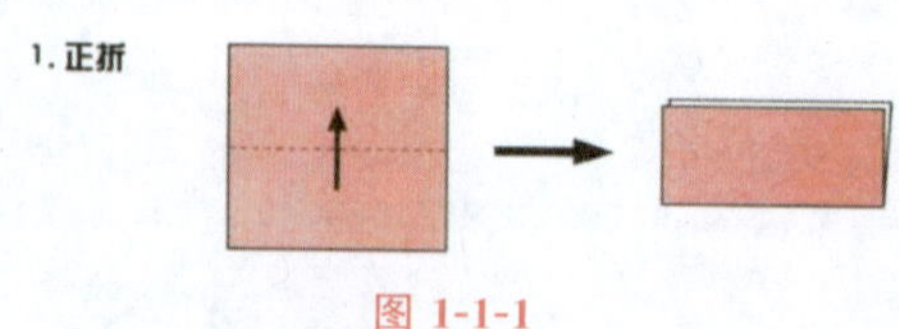

图 1-1-1

2. 反折（图 1-1-2）

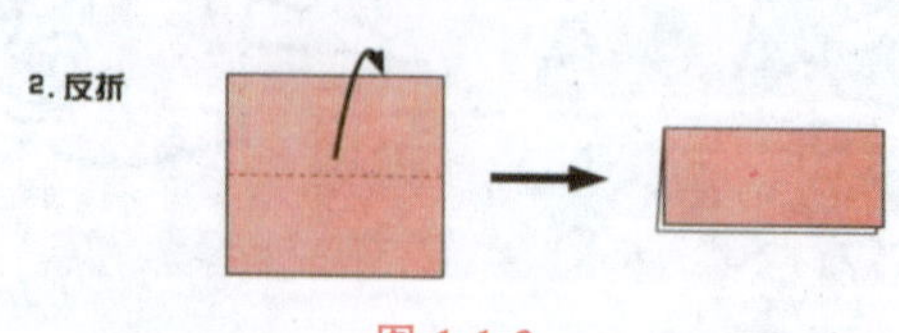

图 1-1-2

3. 向里折（图 1-1-3）

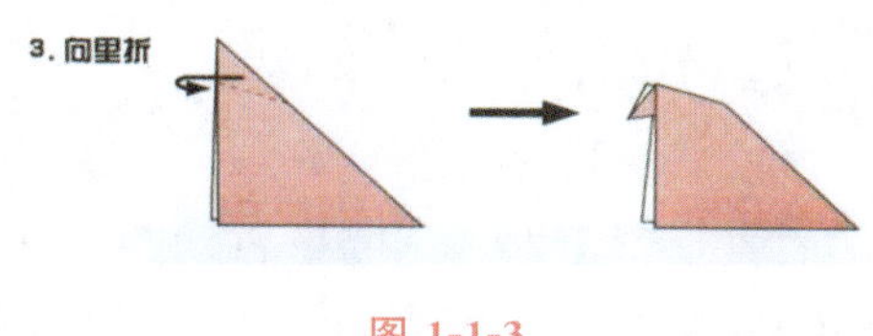

图 1-1-3

4. 拉开（图 1-1-4）

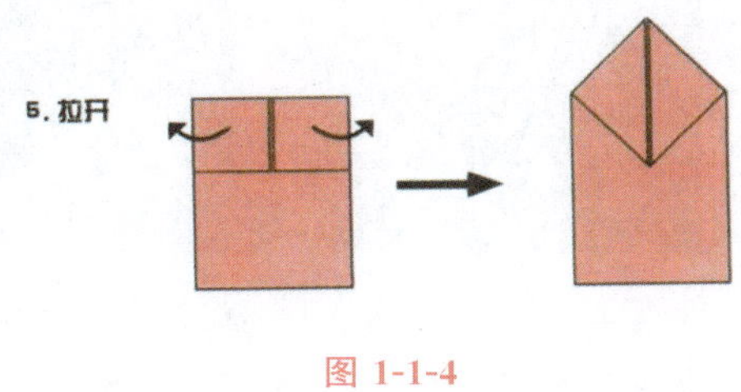

图 1-1-4

5. 翻面（图 1-1-5）

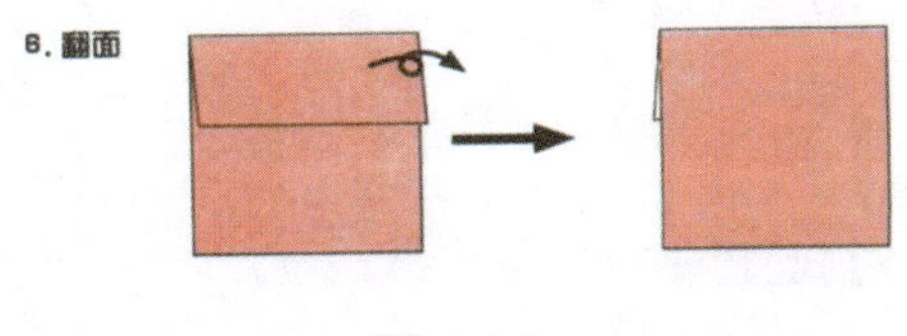

图 1-1-5

（三）折纸的基本方法

对边折法

1. 正方形的纸（图 1-1-6）
2. 沿中心虚线将下方的纸向上折叠（图 1-1-7）
3. 按虚线对边折（图 1-1-8）

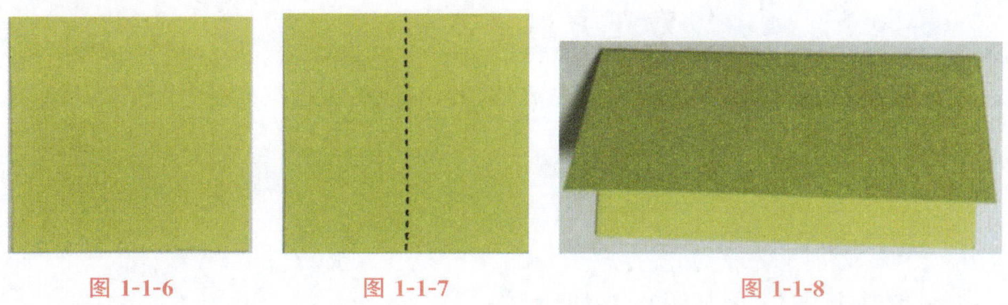

图 1-1-6　图 1-1-7　图 1-1-8

对角折法

1. 正方形的纸（图 1-1-9）
2. 沿中心虚线将左下角的尖角向右上角折叠（图 1-1-10）
3. 按虚线对角折（图 1-1-11）

图 1-1-9

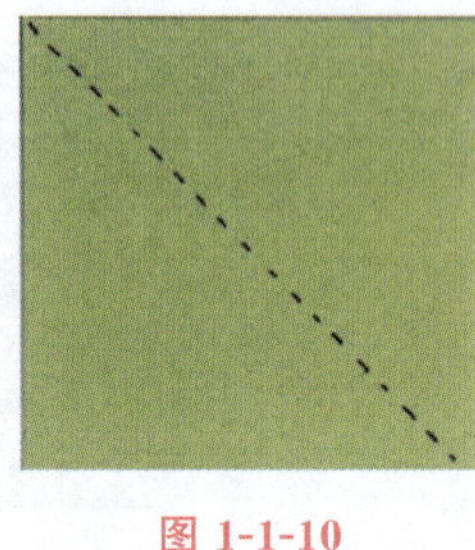
图 1-1-10

图 1-1-11

双三角型基本折法

1. 正方形的纸（图 1-1-12）
2. 沿虚线对边折和对角折并展开（图 1-1-13）
3. 将下面的边朝上对折（图 1-1-14）

图 1-1-12

图 1-1-13

图 1-1-14

双正方形基本折法

1. 正方形纸折痕（图 1-1-15）
2. 沿虚线对边对角（图 1-1-16）
3. 沿对角线右下角朝左上（图 1-1-17）
4. 将纸的最上层拉下（图 1-1-18）

5. 将纸翻转（图 1-1-19）

6. 同前步骤一样（图 1-1-20）

7. 将脚压平对齐（图 1-1-21）

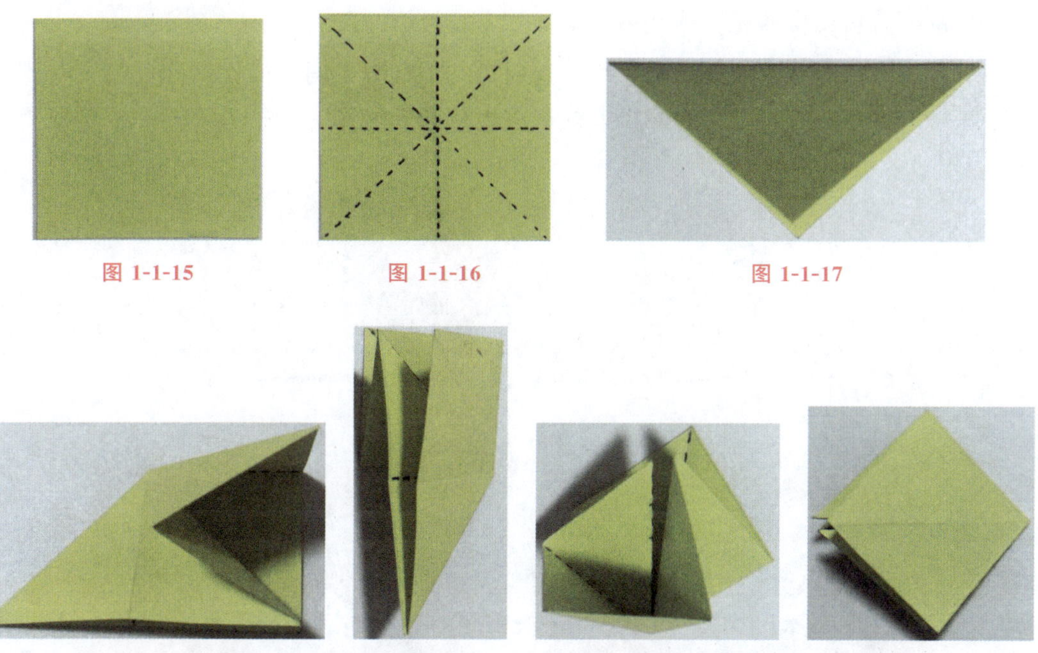

图 1-1-15　图 1-1-16　图 1-1-17

图 1-1-18　图 1-1-19　图 1-1-20　图 1-1-21

二、案例分析

活动名称：千纸鹤

（一）活动描述

折纸是一种以纸张折成各种不同形状的艺术活动。折纸不只限于使用纸张。世界各地的折纸爱好者在坚持折叠规范的同时，使用了各种各样的材料，如：锡箔纸、餐巾纸、醋酸薄片等。折纸作为一项玩具，有益身心、开发智力和思维的活动。它是一个和平与纪念的象征手段，也是一个极佳的消遣方式。

（二）活动准备

一张正方形的卡纸、一双灵巧的小手。

（三）训练能力

1. 动手能力。

2. 造型能力。

（四）活动过程

1. 准备一张正方形的卡纸。将其对折两次，使其中间出现一个十字形。（图 1-1-22）

2. 再沿对角线折两次，使其中间出现一个米字形。（图 1-1-23）

3. 将上半片的右下部分拉到中线，折起；左下部分也同样操作。（图 1-1-24）

4. 将上半片的右角折到中间折痕处，左边也同样操作。（图 1-1-25）

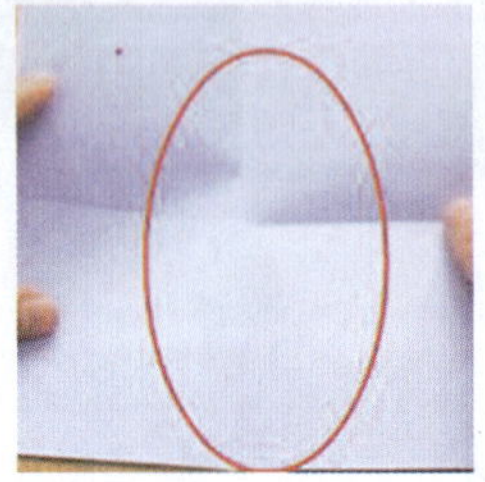

图 1-1-22

图 1-1-23

图 1-1-24

图 1-1-25

5. 把顶角折下来。（图 1-1-26）

6. 把上面两步的折痕都展开。（图 1-1-27）

7. 把正方形的底角沿着前一步折出的折痕向上一直折到顶角，同时把上半片的两道折痕向与其自然折叠的反方向折叠。（图 1-1-28）

图 1-1-26

图 1-1-27

图 1-1-28

8. 把纸翻转过来，再重复前四个步骤。（图 1-1-29）

9. 分别把它的两面的外边缘折到中间折痕处。（图 1-1-30）

10. 把其右半片折到左边。（图 1-1-31）

11. 把上半片的顶部尖端向上折到顶角，另一面也同样操作。（图 1-1-32）

图 1-1-29

图 1-1-30

图 1-1-31

图 1-1-32

12. 把右半片折到左边，再在另一面重复操作。这样千纸鹤的头和尾就藏在中间，两边为翅膀。(图 1-1-33)

13. 把两边的翅膀折下来与身体、头部和尾部垂直。(图 1-1-34)

14. 折下头的尖端，再将头与尾分开。(图 1-1-35)

15. 千纸鹤就做好了。(图 1-1-36)

图 1-1-33

图 1-1-34

图 1-1-35

图 1-1-36

活动名称：纸风筝

（一）活动描述

折纸风筝是一种最简单的风筝，它没有骨架，适合幼儿制作与玩耍。

（二）活动过程

1. 用手工纸裁成边长为 20 厘米的正方形，按图示折好。（图 1-1-37 到图 1-1-39）

2. 头部稍微剪掉一点（图 1-1-40）

3. 再准备一条 1 米长、宽 5 厘米的窄纸条，粘在尾部作为尾巴。在两侧适当位置粘上透明胶纸或厚纸加强，再在上面拴上提绳。在提绳中间打个结，形成一个小环，小环上面拴上放飞线就可以放飞了。（图 1-1-41）

图 1-1-37

图 1-1-38

图 1-1-39

图 1-1-40

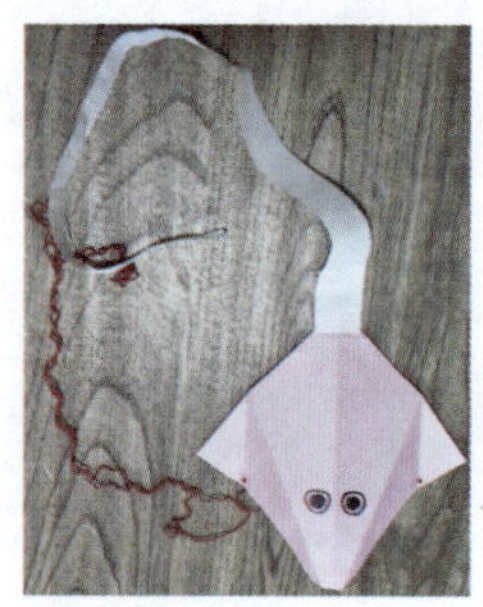
图 1-1-41

三、作品欣赏

图 1-1-42

图 1-1-43

图 1-1-44

四、思考与练习

完成一个植物和一个动物折纸制作，可在折纸材料、表现形式、以及组合方式上有所进行创新。

第二节　剪纸造型

一、学海导航

知识与能力目标

了解剪纸艺术的基本知识，如剪纸的工具、材料，常见的装饰纹样等。

过程与方法目标

通过剪刻作品，掌握剪纸的基本技巧和剪刻的具体表现方法。

情感、态度、价值观目标

学会欣赏和创作剪纸作品，形成热爱剪纸艺术的思想感情。

一、基础知识

剪纸，又称刻纸，是我国一种具有悠久历史，流传广泛的民间艺术形式，具有独特的艺术魅力，已经被列入国家非物质文化遗产名录。剪纸活动是一种较为综合的智力趣味活动，除了本身具有极高的艺术性外，在幼儿园、小学的教学实施，能够较好地促进幼儿和青少年的全面发展，特别是对手部灵活性和协调能力的提升，具有非常重要的作用，是一种既有传统特色又具推广价值的教学资源。因此，剪纸是师范生必须掌握的美术技能之一，对做好幼教工作，促进学生的发展，有着十分重要的意义。

（一）剪纸的基本材料和工具

卡纸、剪刀、胶水、垫板、拷贝笔等。

（二）认识剪纸的基本纹样

剪纸的装饰纹样是许多民间剪纸艺人在长期的剪纸实践中总结出来的，用于表现特定事物，美化事物块面的装饰纹样。常用的剪纸装饰纹样有小圆孔、锯齿纹、月牙纹、鱼鳞纹、旋涡纹、云纹、花瓣纹、逗号纹、柳叶纹、水滴纹等。（图 1-2-1）

图 1-2-1

1. 小圆孔

小圆孔在剪纸中是常见常用符号，例如：人物、动物的眼睛；花心、花瓣和浪花的水珠等。(图 1-2-2)

2. 月牙形

形状近似月牙，常用于吉祥字中的眼、口、眉，人物及其他动物的眼睛。(图 1-2-3)

图 1-2-2

图 1-2-3

3. 柳叶形

顾名思义，其形状像柳叶，剪时要从中间空白处下剪刀，自右往左剪。要求线条圆滑、简洁。(图 1-2-4)

4. 锯齿形

常用图形，可以装饰一切图案，如花瓣、动物绒毛等。利用锯齿的长短、曲直、粗细、疏密、刚柔、钝锐等变化，结合不同物象的特征，表现其重量、质感等。(图 1-2-5)

5. 水滴纹

水滴形在剪纸中也经常被用到花朵或者一些装饰图案中，形状像一个小水滴，剪时先从水滴纹中心空白处下剪刀，顺着水滴纹的外轮廓线从左往右剪即可，剪出的图案也要尽可能光滑流畅。(图 1-2-6)

图 1-2-4

图 1-2-5

图 1-2-6

（三）剪刻的基本规律

从小到大、从左到右、由内向外、由细到粗、由局部到整体。

二、案例分析

活动名称：团花剪纸

（一）活动描述

团花折法多样，既有秩序美又具变化，十分利于初级剪纸学习。

（二）训练能力

1. 掌握团花对折剪纸的基本折法。
2. 运用不同折法，剪出形态各异的团花造型。

（三）活动过程

1. 掌握团花的四种基本折法

三角形折叠

①正方形纸对角折叠。（图 1-2-7）

②再对折一次，找出中心点后展开，恢复到三角形的状态。（图 1-2-8）

③以三角形对折边的中心为轴心，将三角形折叠成三等份锐角，每个角 60°。再配上适当纹样，折叠剪制可成。（图 1-2-9）

图 1-2-7

图 1-2-8

图 1-2-9

四角形折叠

①将一张正方形的纸对角折叠一次 。(图 1-2-10)

②再对角折叠一次。(图 1-2-11)

③再对角折叠一次。画上适当纹样，折叠剪制可成。(图 1-2-12)

图 1-2-10

图 1-2-11

图 1-2-12

五角形折叠

①将一张正方形纸对角折叠一次。(图 1-2-13)

②再对折一次，找出中心点后展开，恢复到三角形的状态。(图 1-2-14)

③以三角形中心为轴心，再对折留出大约 30°的位置。(图 1-2-15)

图 1-2-13

图 1-2-14

图 1-2-15

④将对折的部分再对折一次，预留部分与对折部分重合，成为五等份锐角，每等份 30°。(图 1-2-16)

⑤绘上适合纹样，折叠剪制可成。(图 1-2-17)

图 1-2-16

图 1-2-17

六角形折叠

①将一张正方形折纸对角折叠一次。(图 1-2-18)

②再对折一次，找到中心点后展开，恢复到三角形状态。(图 1-2-19)

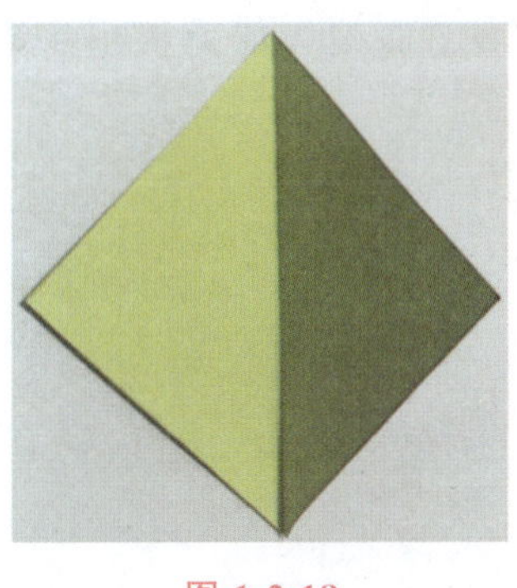

图 1-2-18　　图 1-2-19

③以三角形底边中心点为轴心，将三角形折叠成三等份锐角，每个角 60°。(图 1-2-20)

④将上述折好的纸再次对折一次。(图 1-2-21)

⑤绘上适当纹样，折叠剪制可成。(图 1-2-22)

图 1-2-20

图 1-2-21

图 1-2-22

2. 在上面介绍的任何一种基础折上绘上适合的花纹（两边必须要有两个以上的连接点）(图 1-2-23、图 1-2-25)

3. 剪出即可得到团花。(图 1-2-24、图 1-2-26)

图 1-2-23

图 1-2-24

图 1-2-25

图 1-2-26

活动名称：羊爷爷

（一）活动描述

剪纸创作对作者的立意、构图、造型、剪刻等能力提出了更高的要求，跟团花造型相比，更能锻炼学生的综合能力。

（二）训练能力

1. 掌握剪纸创作的方法。
2. 培养综合运用剪纸基本元素的能力。
3. 按照剪刻的基本规律剪刻作品。

（三）活动过程

1. 起稿要用单线画草图。（图 1-2-27）
2. 图稿剪纸化。（图 1-2-28）

图 1-2-27

图 1-2-28

3. 把深颜色部分剪去。（图 1-2-29）
4. 剪刻作品完成。（图 1-2-30）

图 1-2-29

图 1-2-30

三、作品欣赏

图 1-2-31

图 1-2-32

图 1-2-33

四、思考与作业

完成团花剪纸和创作剪纸各一幅。

第三节　撕纸造型

一、学海导航

知识与能力目标

了解撕纸的艺术特点和创作要求，学会欣赏撕纸作品。

过程与方法目标

通过学习使学生初步掌握撕纸、粘贴等手工综合制作的方法，发展美术实践能力。

情感、态度、价值观目标

借助对纸形的联想，培养学生的想像力，激发学生美术的兴趣，培养学生发现美、创造美的能力。

一、基础知识

撕纸是一种类似剪纸但和剪纸不同的平面镂空艺术，撕纸大致分为两类：粗犷类和细致类。作品边缘呈现毛边参差不齐，立体感强烈，透着原始的自然美，有着自身独特的艺术魅力。撕纸可以锻炼幼儿手指的肌肉、触觉以及思维能力，能给孩子带来极大的欢乐，是学生必须掌握的手工技能之一。

（一）撕纸的基本材料和工具

大红纸、宣纸、广告纸、废纸、各色彩纸、铅笔、胶水等。

（二）撕纸的基本表现形式

1. 划迹撕纸

把欲撕图样事先划出痕迹，在按痕迹撕出图形。划迹撕纸的图案容易撕下来，图形边缘曲线可以任意弯曲，故能充分表达曲线美，能同时得到阳撕和阴撕两份图样。（图 1-3-1、图 1-3-2）

图 1-3-1

图 1-3-2

2. 自由组合撕纸

自由组合撕纸时应事先在纸上画好草图，按草图要求进行撕纸，边撕边组合，组合图形的部分可以选择不同颜色，不同性质的纸张。（图 1-3-3、图 1-3-4）

图 1-3-3

图 1-3-4

3. 立体撕纸

通过巧妙的构思，将纸局部撕掉，并通过卷、折等方式增添画面效果，此方法十分有趣。（图 1-3-5、图 1-3-6）

图 1-3-5

图 1-3-6

二、案例分析

活动名称：苗族人物撕纸

（一）活动描述

苗族头饰、服饰点线面构成丰富，十分适合用撕纸进行表现，可充分锻炼学生动手撕的能力。

（二）训练能力

1. 锻炼学生用手撕点、线的能力。
2. 培养画面综合表现的能力，特别是对画面形式美的把握能力。

（三）活动过程

1. 准备所需材料和工具。（图 1-3-7）
2. 拿一张黑纸，并在上面画出轮廓并撕下来。（图 1-3-8）
3. 再用一张白纸撕出外轮廓 。（图 1-3-9）

图 1-3-7

图 1-3-8

图 1-3-9

4. 拿出白纸撕出形状进行粘贴 。（图 1-3-10）
5. 撕出各种彩色小纸片进行点缀，形成装饰图形。（图 1-3-11）
6. 运用以上方法完成作品的制作。（图 1-3-12）

图 1-3-10

图 1-3-11

图 1-3-12

活动名称：花瓶

（一）活动描述

撕纸是一种类似剪纸又不用于剪纸的艺术形式，它不需要画草稿且不需要太多工具，是一种完全用自己的身体来跟纸交流的艺术。

（二）活动准备

胶水、各色纸、铅笔、橡皮擦、拷贝笔等。

（三）训练能力

1. 锻炼想象能力，培养耐心。
2. 培养学生的动手能力与独立完成撕纸造型的能力。

（四）活动过程

1. 撕纸的方法很多，我们采用自由组合撕纸和划迹撕纸，划迹撕纸可先把需要的图形用铅笔画出，再用拷贝笔加深痕迹以方便撕。

2. 用手撕一个白色的花瓶，再把其它色纸撕好备用。（图 1-3-13）

3. 用撕好的彩纸给花瓶身贴上颜色。（图 1-3-14）

图 1-3-13

图 1-3-14

4. 将花“插入”花瓶中。（图 1-3-15）

5. 再用彩纸给花瓶贴上背景，根据需要还可以在作品上适当添画装饰一些色彩。（图 1-3-16、图 1-3-17）

图 1-3-15

图 1-3-16

图 1-3-17

三、作品欣赏

图 1-3-18

图 1-3-19

图 1-3-20

四、思考与练习

熟练运用撕纸的基本知识和方法，完成一幅撕纸作品。

第四节　剪贴造型

一、学海导航

知识与能力目标

了解纸贴画的基本知识，如特点、使用工具等。

过程与方法目标

通过纸贴画设计和制作的过程，培养学生观察能力以及动手操作能力。

情感、态度、价值观目标

丰富形象思维，激发创造能力和形象表达能力。

一、基础知识

纸贴画是以纸为材料，利用纸贴塑造不同层次，使作品色彩丰富，形象生动，具有较强烈立体效果。因制作的方法简单，材料便利，在幼儿园以及小学的教学中应用广泛，深受学生的喜欢。特别是在幼儿园，不仅在环境布置上得到广泛应用，还可以在母亲节、父亲节等特定节日里，通过幼儿制作成作品送给父母，不仅锻炼了幼儿的动手操作能力、想象能力、思维能力和创造能力，还培养了幼儿的审美能力以及与父母的亲子关系。(图 1-4-1)

图 1-4-1

(一) 剪贴的特点

剪贴的优点是画面有很大的灵活性，可随灵感随意设计制作，使画面多姿多彩。过期的挂历、画报，虽是废弃物品，只要能根据设计的需要巧妙地利用，就可以创作出另一番情趣和意境的作品。剪贴画的练习不仅能化废为宝，还可以陶冶情操。

(二) 剪贴的基本技法

1. 剪贴画是多种色彩的组合，要注意整体色调，以及物与物、质地、色块与底色间的关系。

2. 在剪贴制作中，可用剪刀剪裁，使其边线光挺整洁，尤其是表现细微的曲线变化，效果尤佳。也可用刀刻，其纹样力度感很强，挺拔有力。还可以用手来撕纸，使纹样边缘产生不规则的效果，近看很毛糙，但拼贴后的整体效果则风味别具。

3. 先画稿，再根据画面分片，剪出层层的图形，一般都是远景薄，近景厚，近大远小。然后一层层的贴上，最后调整装饰，平贴法适合风景、建筑物等。

二、案例分析

活动名称：盆花

（一）活动描述

湘西苗画层次丰富，颜色浓郁，非常适合制作纸贴画，学生在学习纸贴画的同时也了解苗画的特点，非常有意义。

（二）活动准备

准备制作材料和工具：卡纸（颜色自选）剪刀、美工刀、镊子、尺子、铅笔、橡皮、双面胶等。

（三）训练能力

1. 分层制作纸贴画的能力。
2. 色彩搭配的能力。

（四）活动过程

1. 按构思画出花瓶的草图 。（图 1-4-2）
2. 用蓝色卡纸剪出花瓶形状，并用白色纸条装饰瓶身。（图 1-4-3）
3. 用肉色卡纸完成花瓶底部装饰。（图 1-4-4）
4. 注意花与叶都要有深绿和浅绿的层次。（图 1-4-5）
5. 花朵要做出层次感。（图 1-4-6）
6. 组合调整完成最后的作品。（图 1-4-7）

图 1-4-2

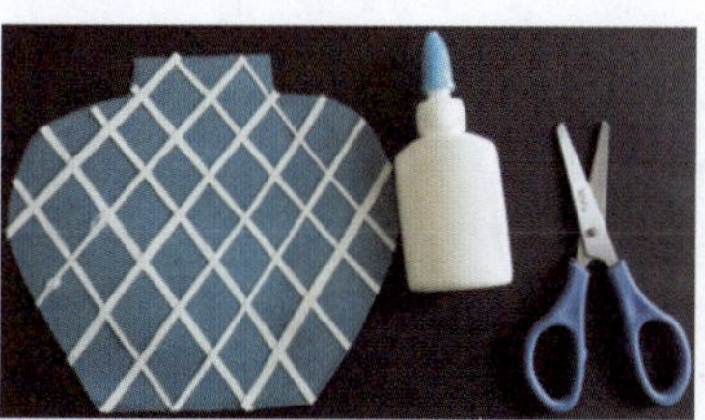
图 1-4-3

图 1-4-4

图 1-4-5

图 1-4-6

图 1-4-7

三、作品欣赏

图 1-4-8

图 1-4-9

图 1-4-10

图 1-4-11

四、思考与练习

完成一幅纸贴画，要求层次丰富，色彩关系对比强烈。

第五节　拧纸造型

一、学海导航

知识与能力目标

了解拧纸的基础知识。

过程与方法目标

通过制作过程，掌握拧纸的基本方法。

情感、态度、价值观目标

学会欣赏拧纸作品，培养幼儿对拧纸的热爱之情。

一、基础知识

拧纸是将纸像绳子一样的拧起来，通过拧，把平面的纸拧成粗或者细的线形，塑造出不同的作品。作品中因有线的参与，体和面的关系得以强化，线自身又是显得清晰、明快。拧纸活动丰富多样，比较适合于幼儿园的开展的创造性的活动，材料广泛，拧法简便易学，造型生动形象、美观，可以开拓幼儿的创造力和想象力，培养幼儿的动手操作能力。

（一）拧纸造型的基础材料和工具

皱纹纸、卡纸、剪刀、白乳胶、铅笔、橡皮擦等。

（二）拧纸的基本表现形式

1. 平贴法

平贴法指的是将拧好的纸条一条条规则的贴在画面所需的部位，可利用排列的节奏（大小、粗细、疏密）表现丰富的变化。（图 1-5-1）

图 1-5-1

2. 卷贴法

卷贴法指的是将拧好的纸条卷起来贴在画面所需的部位，可塑造出不同的形状和内容。（图 1-5-2）

图 1-5-2

3. 不规则贴法

不规则贴法是将拧好的纸条按照物体自身的结构特点组合在一起，形成极富变化的视觉美感。（图 1-5-3）

图 1-5-3

二、案例分析

活动名称：海底世界

（一）活动描述

海底世界丰富多彩，搓搓卷卷，一起来表现海底美丽的世界吧！

（二）活动材料

皱纹纸、卡纸、白乳胶、剪刀、镊子等。

（三）训练能力

运用拧纸的基本知识和技法完成拧纸作品的能力。

（四）活动过程

1. 准备好所需材料与工具。（图 1-5-4）
2. 将皱纹纸剪成小条。（图 1-5-5）
3. 把纸条小心打开进行搓拧。（图 1-5-6）

图 1-5-4

图 1-5-5

图 1-5-6

4. 拧成细长的纸绳。(图 1-5-7)

5. 按颜色拧好纸绳以待用。(图 1-5-8)

6. 将纸绳按照不同贴法粘贴。(图 1-5-9)

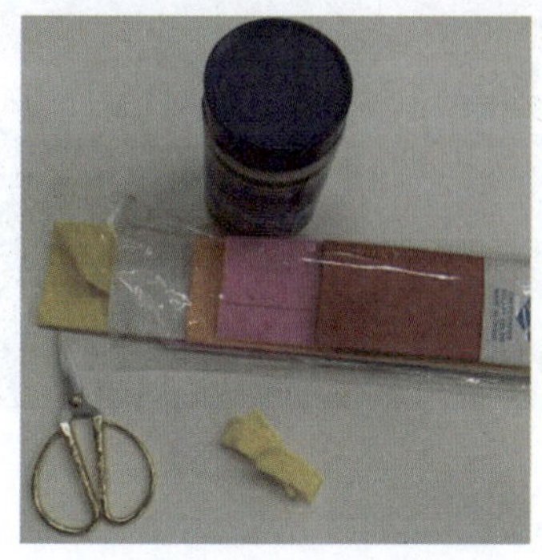

图 1-5-7

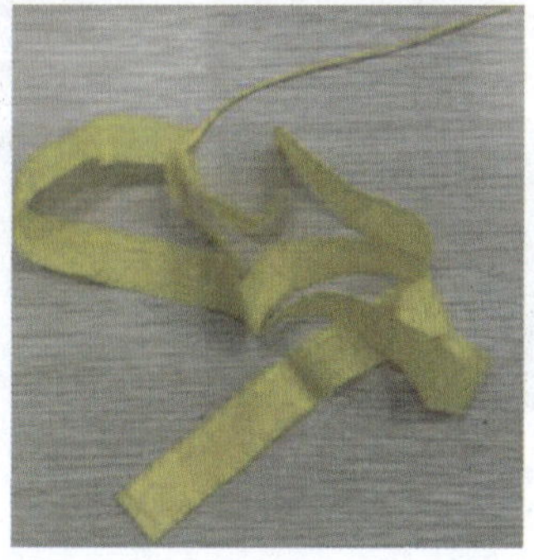

图 1-5-8

图 1-5-9

7. 完成若干条鱼的制作。(图 1-5-10)

8. 用浅蓝色的皱纹纸做出水泡。(图 1-5-11)

9. 组合成海底世界的作品 。(图 1-5-12)

图 1-5-10

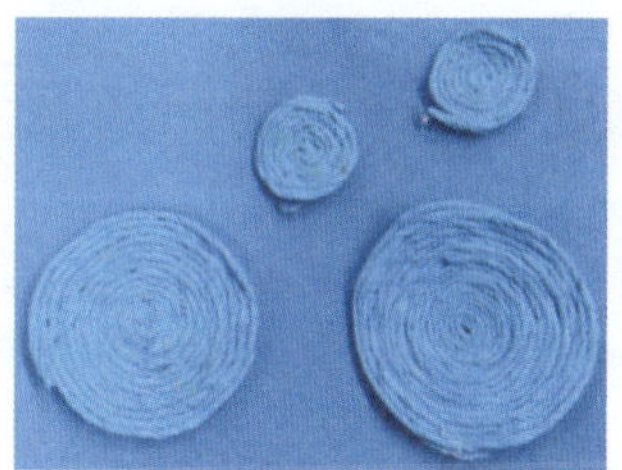

图 1-5-11

图 1-5-12

三、作品欣赏

图 1-5-13

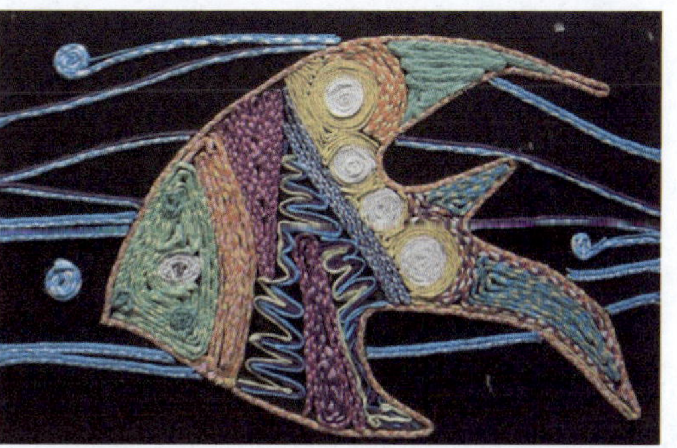

图 1-5-14

图 1-5-15

图 1-5-16

四、思考与练习

运用拧纸的基本方法去制作一幅拧纸作品。

第六节　染纸造型

一、学海导航

知识与能力目标

了解染纸的基础知识。

过程与方法目标

通过尝试染纸的过程，掌握染纸的基本方法。

情感、态度、价值观目标

学会欣赏染纸作品，培养幼儿对染纸艺术的热爱之情。

一、基础知识

染纸是吸取我国民间印染工艺而形成的一种折纸和染色结合的手工制作活动。使用吸水性强的纸，剪裁成各种形状，反复折叠，叠后分别在透明水彩的色碟内蘸染，出现渗透、晕染的花纹。由于折叠方法不同，会产生不同形状和深浅色彩，打开纸后出现千变万化的对称图案。通过染纸活动，学生调配颜色的技能和表现美的创造力都得到发展。

（一）染纸的特点

当把染好的纸再次展开后，即可出现十分有规则的色彩分布，呈现的是一种连续性的图案。这种手法，带有浓郁的民间扎染乡土艺术趣味。

（二）染纸的工具材料

1. 染纸的材料：染料（盐基性染料、彩色笔墨水、办公用红、蓝墨水）
2. 酒（用来调染料，使染料易于深入纸的内层）
3. 纸张（生宣纸、毛边纸、连史纸等吸水性强的纸张为好）
4. 毛笔、调色盘，线（用于扎染）、夹板（用于夹染）

（三）染纸的折叠技法

先构思，即在脑中预先设想染成什么形状、用什么色、如何折叠等。

1. 田字格折叠（图 1-6-1）

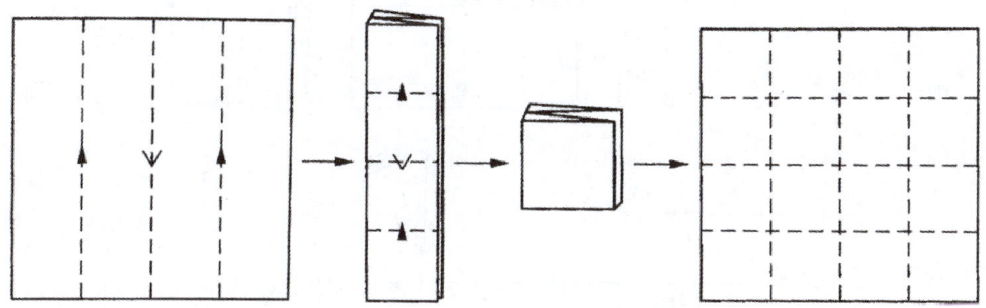

图 1-6-1

2. 米字格折叠（图 1-6-2）

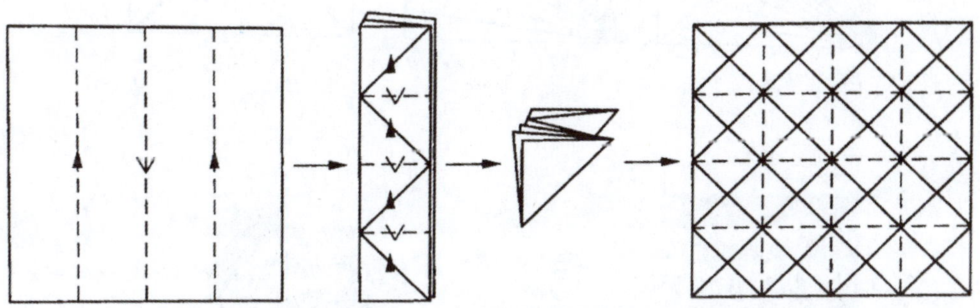

图 1-6-2

3. 辐射状折叠（图 1-6-3、图 1-6-4）

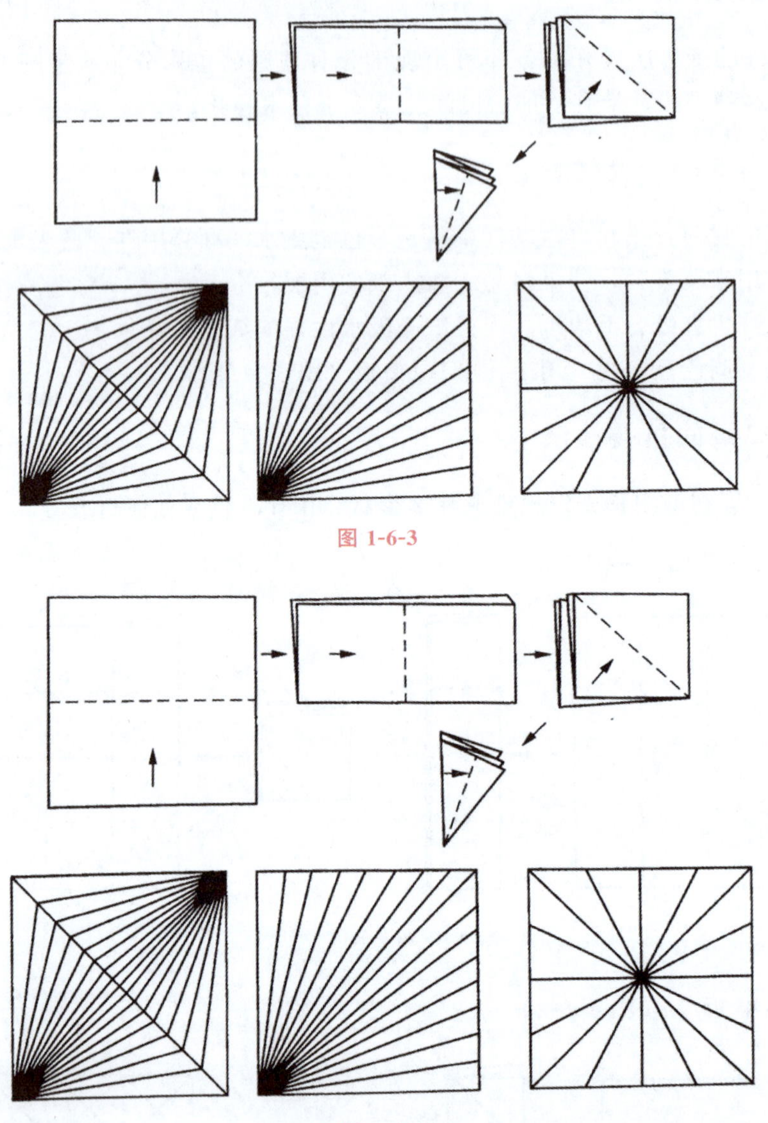

图 1-6-3

图 1-6-4

4. 揉纸法（图 1-6-5）

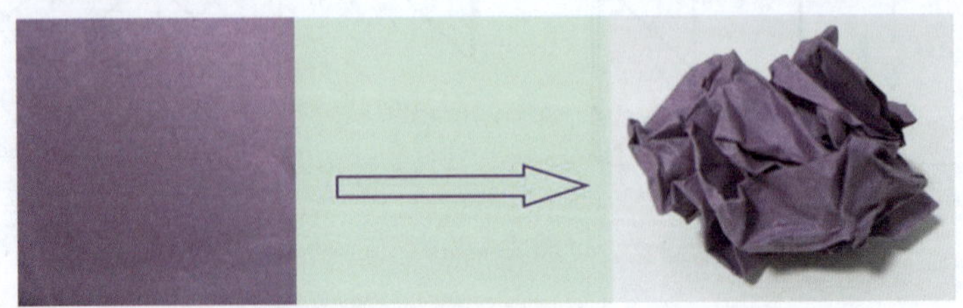

图 1-6-5

（四）染色技法

染色可以分为分单色染、多色套染两种方式。每种方式均有以下两种染色方法。

1. 浸染法：由浅入深，将需染色的部位浸泡在色水中，时间越长，面积越大，所形成的花纹也就越大。（图 1-6-6）

2. 点染法：毛笔蘸颜料进行，一般用于折叠次数少的纸、小面积的染色或补色。（图 1-6-7）

图 1-6-6

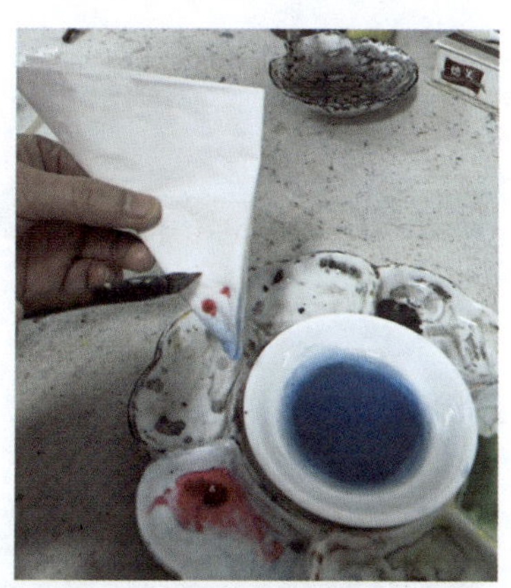
图 1-6-7

二、案例分析

活动名称：染纸练习

（1）活动描述

掌握基本的染纸步骤，就会染出彩靓丽纸。

（二）活动准备

颜料、毛笔、底版纸、剪刀、白乳胶、染纸的纸张等。

（三）训练能力

学会染纸的基本步骤，为将来将染纸变成其它作品打下基础。

（四）活动过程

1. 准备染纸需要用到的工具与材料，把纸按设计的要求折叠好。（图 1-6-8）
2. 用工具材料按设计思路完成染色步骤。（图 1-6-9、图 1-6-10）
3. 展开、晾晒、修剪完成染纸作品。（图 1-6-11 到图 1-6-13）

图 1-6-8

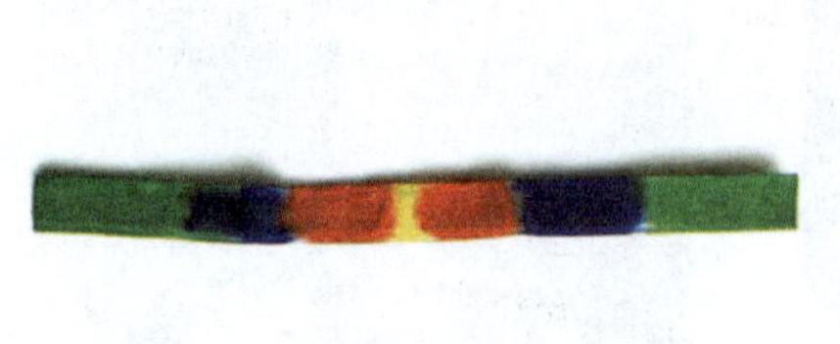

图 1-6-9

图 1-6-10

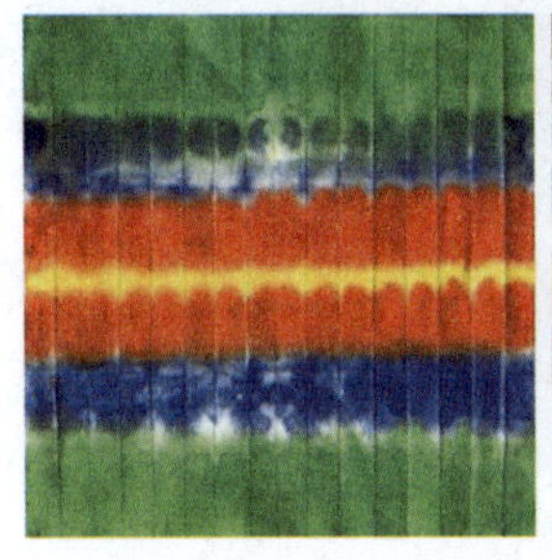

图 1-6-11

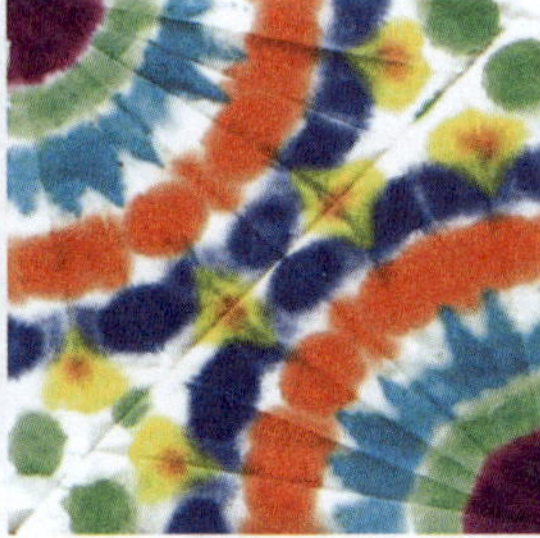

图 1-6-12

图 1-6-13

活动名称：时装模特

（1）活动描述

染纸色彩靓丽，非常适合表现服饰，一起动动手设计出属于自己的时装。

（2）活动准备

黑色卡纸、剪刀、白乳胶、夹宣纸等。

（3）训练能力

将染纸作品拓展运用，变成其他作品的能力。

（四）活动过程

1. 用黑色卡纸剪出模特造型 。（图 1-6-14）
2. 选择一张适合的染纸做裙摆料。（图 1-6-15）
3. 用手捏出裙摆的褶皱。（图 1-6-16）

图 1-6-14

图 1-6-15

图 1-6-16

4. 用合适的纸剪上衣和袖子。（图 1-6-17）
5. 用拧纸的方式完成头部和腰的装饰。（图 1-6-18）
6. 完成第二个模特服饰，组合完成作品。（图 1-6-19）

图 1-6-17

图 1-6-18

图 1-6-19

三、作品欣赏

图 1-6-20

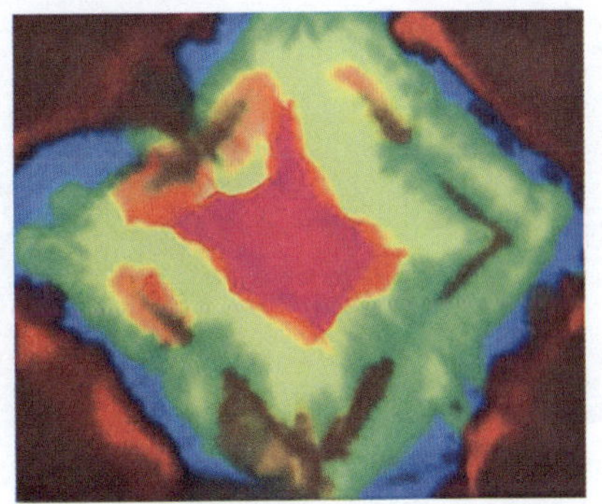
图 1-6-21

四、思考与练习

动动脑筋，染好的纸还能制作成那些不一样作品呢？

第七节　纸浆造型

一、学海导航

知识与能力目标

了解纸浆画的材料及制作方法。

过程与方法目标

通过制作纸浆画的过程，让学生能够掌握纸浆画的制作方法。

情感、态度、价值观目标

培养学生巧用废纸托能力，提高环保意识。

一、基础知识

纸浆质地柔软，安全无毒，可塑性强，原材料简便易得，制作过程无复杂的制作，不存在安全问题。通过纸浆画的课程，学生可以在纸浆画的制作中体验到表达的乐趣，同时他们的手、脑、眼都得到了锻炼，纸浆画装饰感很强，孩子们的作品完全可以挂到家里作为装饰画和艺术品，也使孩子们对多种工具材料表现的探索能够产生积极的互动效果，激发学习兴趣。(图 1-7-1)

图 1-7-1

(一) 纸浆造型的特点

利用纸浆可以制作的一些用具和玩具。当纸浆干透之后，它就具有像粘土那样的性能，用纸浆塑造的物体不易被砸碎。

（二）纸浆造型的基本技法

1. 将废纸用水泡透，加入少量浆糊，将纸捣碎成糊状。将糊状的纸浆放在一块布上，包裹起来加以挤压，把水分挤干备用。

2. 纸浆造型可按泥工塑造的方法捏、塑、做成各种物体，晾干，用砂纸磨光，涂上颜色或清漆，色彩鲜艳、轻巧牢固的玩具就制作成功了

3. 也可以用一些陶瓷、玻璃器皿，表面洗净，将纸浆均匀地敷在要做的器皿外部，直到器皿四周都铺满纸浆为止。然后放在阴处晾干后切开，取出模子，再用纸条把切开的口糊好，在纸型表面上裱上一张美丽的纸，或用一种颜色纸裱上后画出花纹装饰。

二、案例分析

活动名称：小伙伴

（1）活动描述

动漫是学生非常喜欢的题材，可通过纸浆画的形式表现学生喜欢的动漫形象。

（2）活动准备

颜料、白乳胶、卫生纸、牙签、硬纸板、铅笔、橡皮等

（3）训练能力

1. 调配纸浆的能力。

2. 完成纸浆画制作的能力。

（四）活动过程

1. 准备做好纸浆画的材料与工具。（图 1-7-2）

2. 将卫生纸碎加颜料、乳胶、适量水 。（图 1-7-3）

3. 按自己的构思开始构图 。（图 1-7-4）

图 1-7-2

图 1-7-3

图 1-7-4

4. 将纸浆按颜色覆盖在底版上。（图 1-7-5）

5. 继续重复以上的步骤。（图 1-7-6）

6. 调整直到作品完成 。(图 1-7-7)

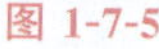

图 1-7-5

图 1-7-6

图 1-7-7

三、作品欣赏

图 1-7-8

图 1-7-9

四、思考与练习

依据所学知识，制作一幅自己喜欢的纸浆画作品。

第八节　插编造型

一、学海导航

知识与能力目标

通过学习纸编，了解纸编的特点、种类及编制工具和材料。

过程与方法目标

熟悉纸编基本步骤，掌握纸编基本方法和技巧。

情感、态度、价值观目标

了解我国丰富的民间工艺、风俗等知识，激发学生热爱生活情感。

一、基础知识

中国纸编艺术，早在唐处便开始盛行。纸编是充满着民间艺术的活动，通过被分割的细条，用编织的艺术手法，一纵一横、一泾一渭，装饰中又富有变化。

纸编活动可以让孩子们在充满传统文化的活动中得到视觉感受和审美体验，促进幼儿动手能力的方面的协调发展，让幼儿感受美术学习的乐趣，调动幼儿的创作激情，在活动体验中熏陶幼儿的审美情操。

（一）插编的特点

插编可以看作是许多小方块构成的画面，风格及内容可以变化多端。编织成的工艺品造型优美，而且极具实用价值。（图 1-8-1）

图 1-8-1

（二）插编的基本技法

插编是选用一张彩色地纸，在地纸上面用竖刀等距离地切开数条。另外再裁一些与地纸颜色相区别的纸条（与地纸上切开纸条宽度一样）为插编纸。

1. 按设计好的图样，用插编纸条向地纸切开的缝隙里边上下插编；
2. 插编时从最下边开始一条一条地插编，不要有缝隙，否则最后的纸条很难插入；
3. 最后把插编好的纸条两端用浆糊与地纸背面粘牢，纸条插编完成。

二、案例分析

活动名称：海底世界

（一）活动描述

海底是个丰富的世界，住着有着各种颜色、花纹的海底动物，看看怎么用纸编的方法制作一幅多彩的海底世界吧！

（二）活动过程

1. 将彩纸裁成需要的条状，在彩色纸上用铅笔构图，将画好的图案裁下。（图 1-8-2）

2. 将条状彩纸与图形编在一起，完成一只小鱼的编织制作。（图 1-8-3）

3. 相同的方法完成所有动物造型的编织制作。画眼睛并裁下，将眼睛用胶棒贴好。（图 1-8-4）

图 1-8-2

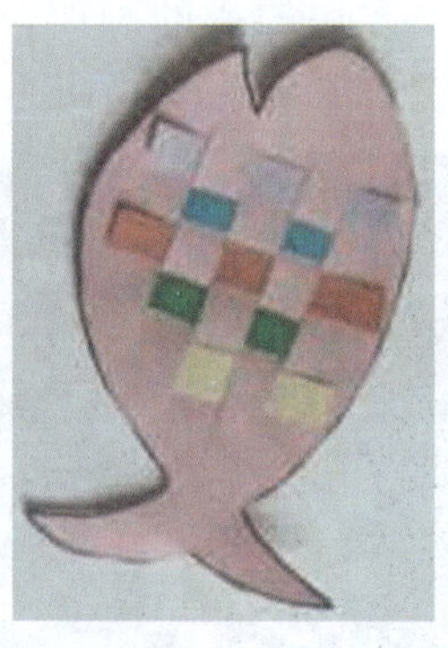

图 1-8-3

图 1-8-4

4. 将图像依次贴上蓝色卡纸中，完成作品。（图 1-8-5）

图 1-8-5

过程与方法目标

熟悉纸编基本步骤，掌握纸编基本方法和技巧。

情感、态度、价值观目标

了解我国丰富的民间工艺、风俗等知识，激发学生热爱生活情感。

一、基础知识

中国纸编艺术，早在唐处便开始盛行。纸编是充满着民间艺术的活动，通过被分割的细条，用编织的艺术手法，一纵一横、一泾一渭，装饰中又富有变化。

纸编活动可以让孩子们在充满传统文化的活动中得到视觉感受和审美体验，促进幼儿动手能力的方面的协调发展，让幼儿感受美术学习的乐趣，调动幼儿的创作激情，在活动体验中熏陶幼儿的审美情操。

（一）插编的特点

插编可以看作是许多小方块构成的画面，风格及内容可以变化多端。编织成的工艺品造型优美，而且极具实用价值。（图 1-8-1）

图 1-8-1

（二）插编的基本技法

插编是选用一张彩色地纸，在地纸上面用竖刀等距离地切开数条。另外再裁一些与地纸颜色相区别的纸条（与地纸上切开纸条宽度一样）为插编纸。

1. 按设计好的图样，用插编纸条向地纸切开的缝隙里边上下插编；
2. 插编时从最下边开始一条一条地插编，不要有缝隙，否则最后的纸条很难插入；
3. 最后把插编好的纸条两端用浆糊与地纸背面粘牢，纸条插编完成。

二、案例分析

活动名称：海底世界

（一）活动描述

海底是个丰富的世界，住着有着各种颜色、花纹的海底动物，看看怎么用纸编的方法制作一幅多彩的海底世界吧！

（二）活动过程

1. 将彩纸裁成需要的条状，在彩色纸上用铅笔构图，将画好的图案裁下。（图 1-8-2）

2. 将条状彩纸与图形编在一起，完成一只小鱼的编织制作。（图 1-8-3）

3. 相同的方法完成所有动物造型的编织制作。画眼睛并裁下，将眼睛用胶棒贴好。（图 1-8-4）

图 1-8-2

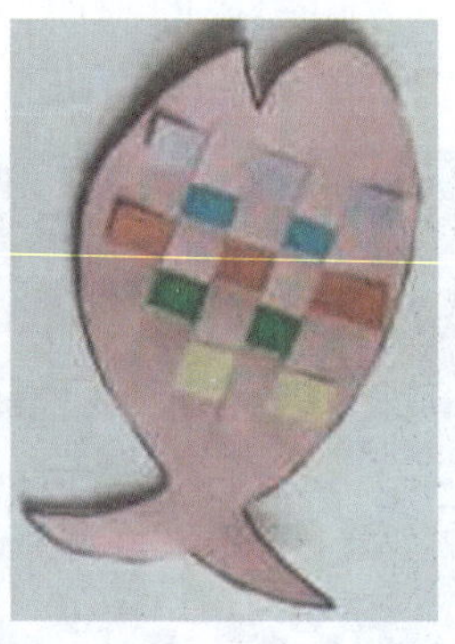

图 1-8-3

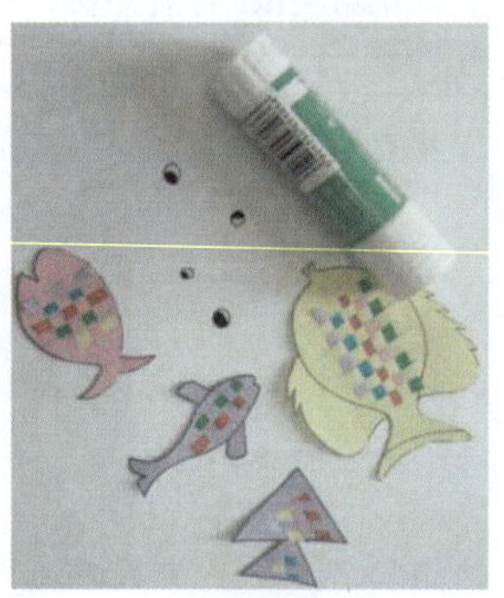

图 1-8-4

4. 将图像依次贴上蓝色卡纸中，完成作品。（图 1-8-5）

图 1-8-5

活动名称：猫头鹰制作

（一）活动描述

在教学中，硬纸工运用较为广泛，不但可以制作教玩具、还可以进行环境创设，美化环境，全方面训练学生的动手操作能力及空间思维能力。

（二）活动过程

1. 在主色纸上画好猫头鹰的图形。（图 1-8-6）

2. 对折后剪好把身体部分剪开。准备几种自己喜欢的彩色卡纸，注意颜色搭配。（图 1-8-7）

3. 把身体部分按竖线裁开。（图 1-8-8）

4. 把装饰纸条裁好进行插编，用胶水粘好剪出翅膀形状。（图 1-8-9）

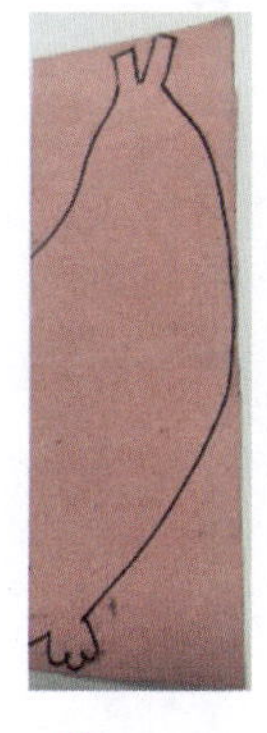
图 1-8-6

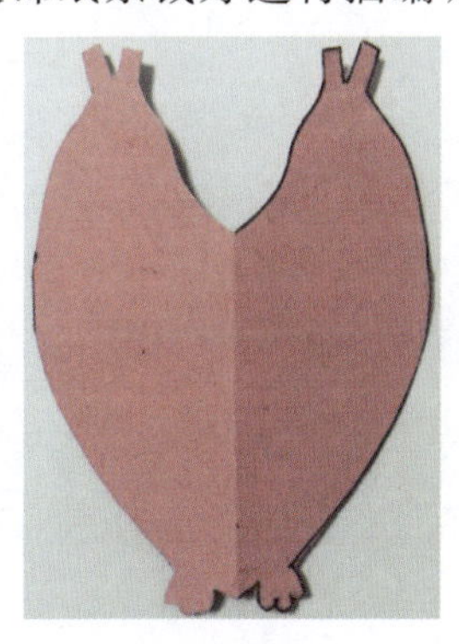
图 1-8-7

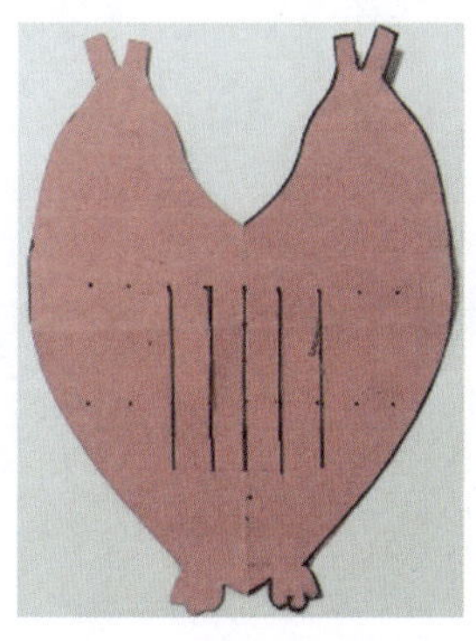
图 1-8-8

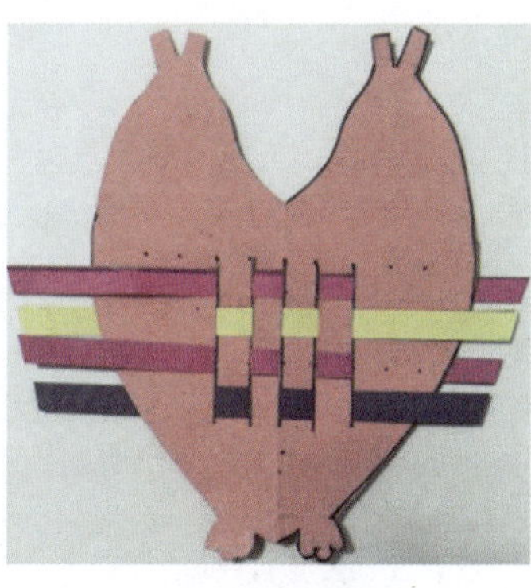
图 1-8-9

5. 粘上眼睛等，完成作品欣赏。（图 1-8-10、图 1-8-11）

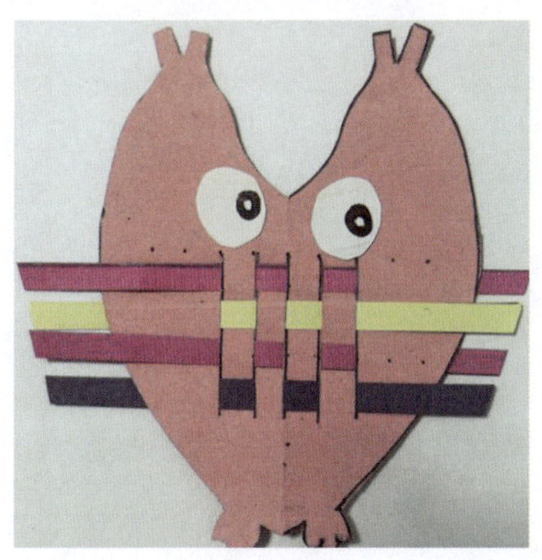
图 1-8-10

图 1-8-11

三、作品欣赏

图 1-8-12

图 1-8-13

图 1-8-14

四、思考与练习

运用纸编的基本技法，完成一幅自己喜欢的作品。

第二章　立体纸工造型及技法

第一节　立卡造型

一、学海导航

知识与能力目标

了解立卡造型的特点、技法，以及立卡造型在生活的应用和作用。

过程与方法目标

通过制作与幼儿园的游戏活动相关的立卡作品，提高学生的操作能力。

情感、态度、价值观目标

培养学生欣赏能力，学会把立卡应用在生活中。

一、基本知识

对折后的纸便有了空间而成为立体。对折线如门窗的轴，可以开合。在轴的部分剪切，相应折出形象，就是立卡造型。立卡造型有对层折、多层折等结构形式。（图 2-1-1）

图 2-1-1

（一）立卡造型的特点

立卡造型与纸的轴之间关系密切。打开纸页，形象便会凸出来，关合后又可收为平面。立卡形象折线有了角度变化，随着开合，形象即能有动作，成为动的纸造型。

（二）立卡造型的基本技法

立卡造型是在硬纸上割开直口，利用正反折叠的方法，使折页内的画面打开时能立起来，合页后能把画面压平。（图 2-1-2 到图 2-1-5）

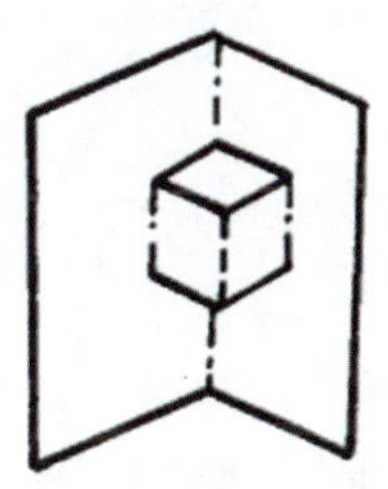
图 2-1-2

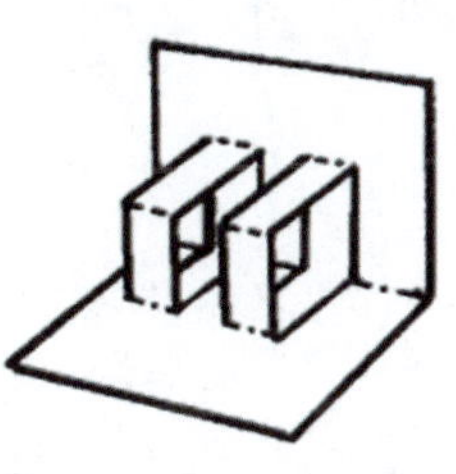
图 2-1-3

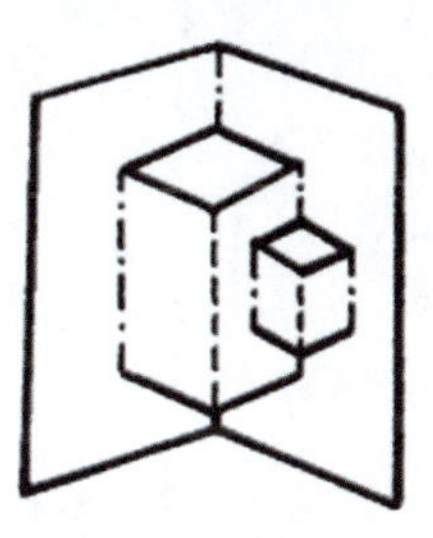
图 2-1-4

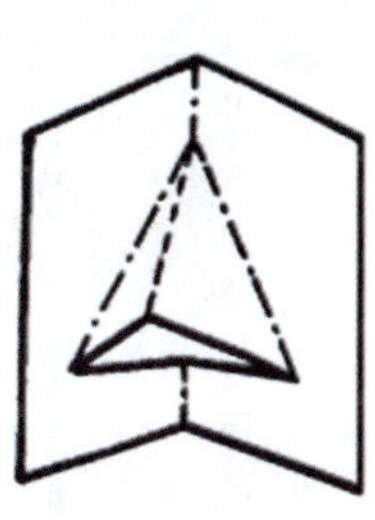
图 2-1-5

立卡造型的形态有多种多样，如建筑、室内、人物、动物等。

1. 先按图样描绘在白板纸上，用小刀割通竖线开口。

2. 折叠时用铅笔顶起折线中部，使形象突起成立体，注意形象和卡背要留有余地，以免形象折叠后露出。

3. 有余兴的话，卡背也可以进行再加工。

二、案例分析

活动名称：立卡的设计与制作

（一）活动描述

利用立卡造型的方法，可以制作折页贺卡，贺卡翻开后形成立体状。

（二）活动过程

1. 设计，为了选材与祝贺的主题相吻合，采取的形式力求新颖，构思巧妙，多层式、双层式、单片式及自由式均可。用什么材料制作，翻开折页如何使形象成为立体状等，都在设计构思范围。

2. 制作，根据设计构思决定制作方法（画出平面展开图）。建议贺卡折好后单面尺寸不要超过 32 开。（图 2-1-6、图 2-1-8）

3. 制作完成后，可在贺卡上写上祝福的话语、励志的格言等。（图 2-1-7、图 2-7-9）

图 2-1-6

图 2-1-7

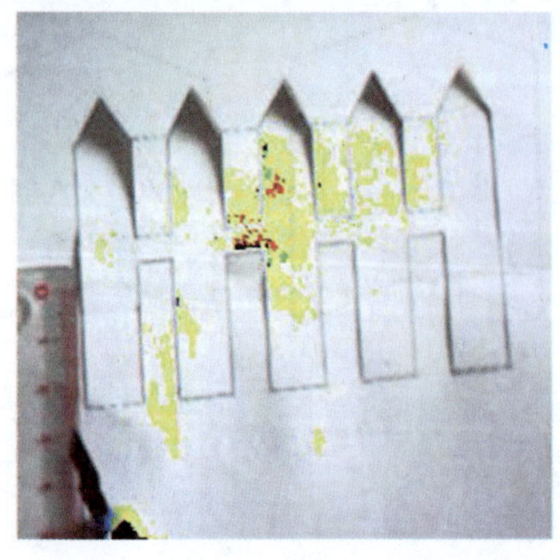

图 2-1-8

图 2-1-9

活动名称：贺卡制作

（1）活动描述

贺卡是节日赠送表心意题材，可通过贺卡的制作呈现学生的心意，贺卡的形式表现学生喜欢的事物，节日等。通过对于立卡的制作能够增强学生的动手能力，让学生体会到自我满足感，和对他人的感恩之心。

（2）活动准备

卡纸、胶棒（或双面胶）、剪刀（小刀）、铅笔、尺子、橡皮等。

（3）训练能力

1. 观察事物美的能力，培养学生动手动脑的能力。
2. 培养学生的创新思维能力和探索思维能力，
3. 培养学生做事耐心、细致的良好品质。

（四）活动过程

1. 准备好做立卡的材料与工具。
2. 按自己的构思开始构图 。（图 2-1-10）

图 2-1-10

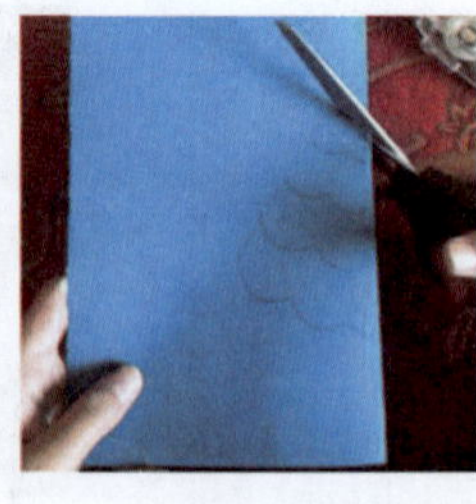
图 2-1-11

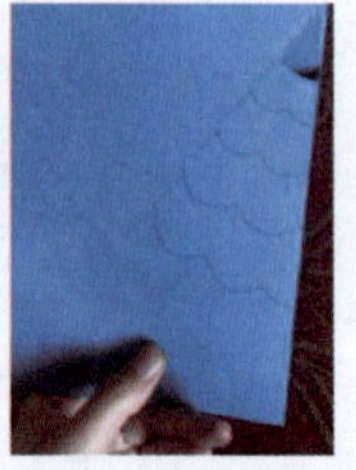
图 2-1-12

3. 如图所示按照实线剪开，虚线部分折起来。（图 2-1-11）
4. 继续重复以上步骤，直至小树基本成型 。（图 2-1-12、图 2-1-13）

5. 给贺卡穿一件外衣，还可以给小树换一个颜色。(图 2-1-14)。

图 2-1-13

图 2-1-14

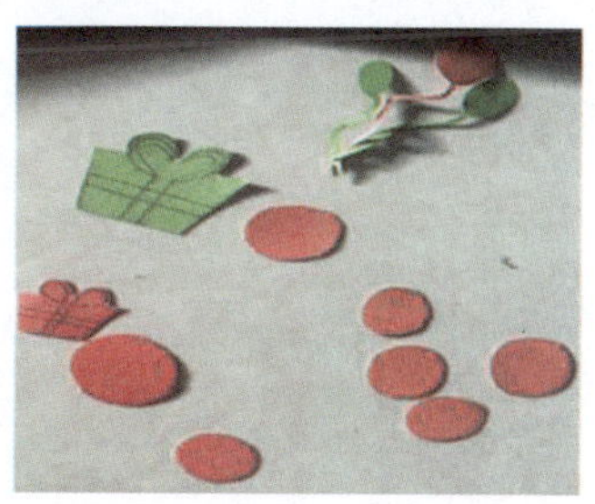
图 2-1-15

6. 在贺卡上加一些自己喜欢的小饰品。(图 2-1-15)

7. 写上祝福语，贺卡完成。(图 2-1-16、图 2-1-17)

图 2-1-16

图 2-1-17

三、作品欣赏

图 2-1-18

图 2-1-19

图 2-1-20

四、思考与练习

贺卡的种类很多，如生日贺卡、新年贺卡、节日贺卡等，请你想一想还有哪些贺卡，每人设计制造一套贺卡。

作业要求：方法运用恰当，设计合理美观，有自己的创意。

第二节　纸浮雕造型

一、学海导航

知识与能力目标

进一步认识装饰画化的造型方式，通过实际操作训练掌握纸浮雕的制作方法。

过程与方法目标

通过纸浮雕各种形象的制作，了解装饰形象设计、制作与幼儿园的游戏活动相关的手工内容，提高动手操作能力。

情感、态度、价值观目标

培养学生欣赏、表现纸浮雕美的能力，学会在生活、学习中营造艺术氛围和养成展示时尚美的理念。

一、基本知识

纸浮雕的起源可以追溯到中国汉朝纸的发明及 16 世纪德国对纸的改良成果。纸浮雕是以纸为材料，经过折曲和切割等加工后，形成凹凸起伏的直线、弧线造型，塑造出有装饰趣味的艺术形象，所形成的一种具有浮雕特征的板式造型。

纸浮雕作品结合了绘画和雕塑之美，又融合了剪纸、美术、工艺、制作。用材简便，制作容易，有较强的立体效果和装饰效果。(图 2-2-1)

图 2-2-1

（一）纸浮雕造型的特点

纸浮雕造型概括夸张，制作简便。单色纸浮雕具有单纯、典雅的视觉效果，多色纸浮雕可产生丰富多彩色彩组合效果，在不同角度光源的照射下，产生多种形式的投影，其明暗效果表现得非常丰富。如果巧妙地运用纸的质地和色彩，能使作品具有大理石、石膏、木雕等效果。可以应用在室内、外墙的装饰，也可以作为小型壁饰悬挂在室内。

（二）纸浮雕的基本技法

使一张平面的纸变成立体形态，要借助于折、卷、粘贴等方法。通常一个纸浮雕作品所运用的技法并不是单一的，它常是多种技法的组合。

常用的单一技法例图如下：

1. 直线折

这是纸造型最基本的技法。先用刻刀按铅笔稿轻轻划痕然后再折。（图 2-2-2、图 2-2-3）

图 2-2-2　　图 2-2-3

2. 曲线折

先用刻刀按铅笔稿的曲线轻轻划痕，然后再折。（图 2-2-4、图 2-2-5）

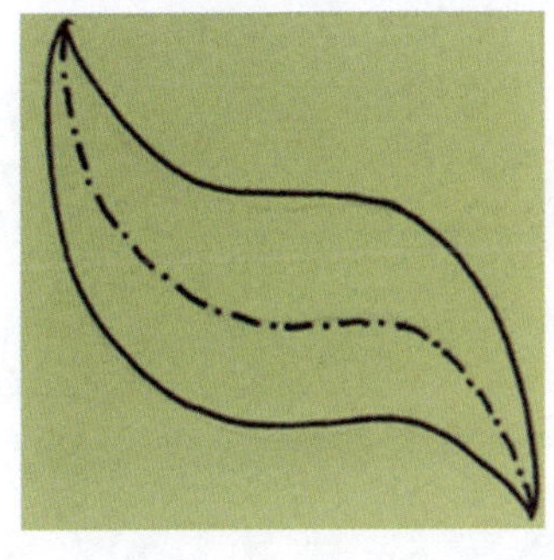

图 2-2-4

图 2-2-5

3. 同心圆折

先用圆规画几个大小不同的圆形，剪开一条半径切口，然后再折，折好粘合。（图

2-2-6、图 2-2-7）

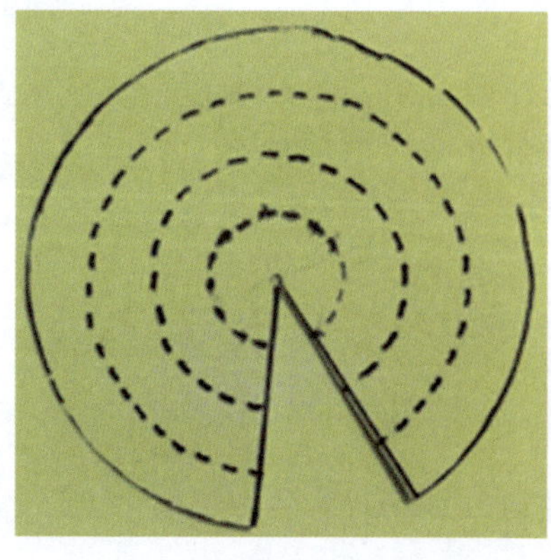

图 2-2-6

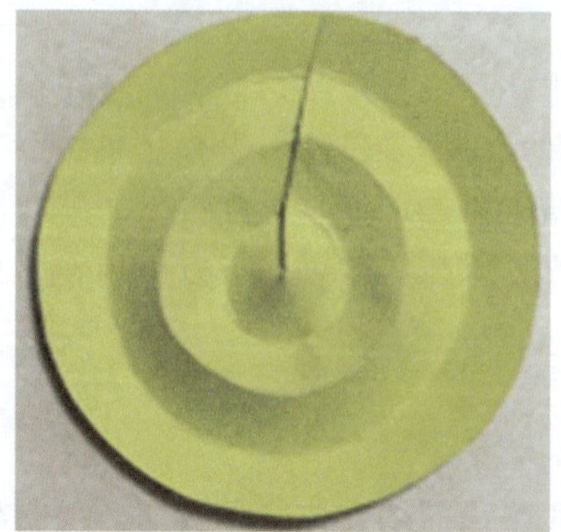

图 2-2-7

4. 卷曲

借助小木棒等工具卷曲。（图 2-2-8、图 2-2-9）

图 2-2-8

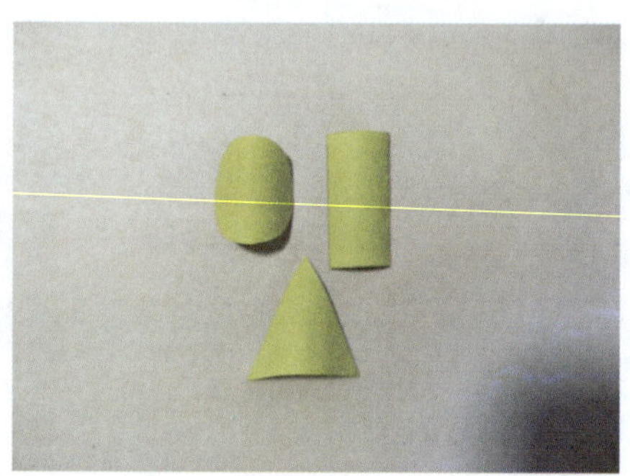

图 2-2-9

5. 切折

根据线稿，先切开再折。（图 2-2-10、图 2-2-11）

图 2-2-10

图 2-2-11

二、案例分析

活动名称：小天鹅

（一）活动描述

纸浮雕作品应用范围非常广，在幼儿园中常用来做教具，也用以用来进行环境布置。

（二）活动过程

1. 选好题材和纸张颜色，包括底色纸，用铅笔在纸上画出各部分图形。（图 2-2-12）

2. 从主体大形开始做起，用拷贝笔按峰线和谷线压画一遍后折叠处立体型。每一个局部一次性完成到底，如剪、折、卷等。（图 2-2-13）

3. 把铅笔痕迹擦干净，也可以用干净的反面（画与画面相反的稿子）。要求精确认真，保持纸面整洁。（图 2-2-14）

4. 不合适的地方可随时调整，根据构图需要，将各部分完成后摆放在一起统一粘接即可。（图 2-2-15、图 2-2-16）

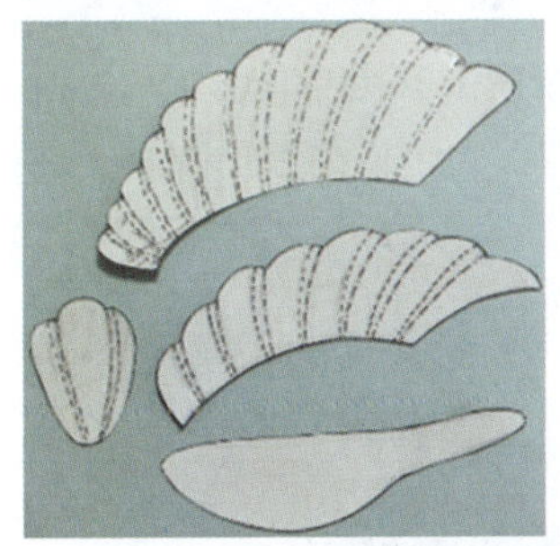
图 2-2-12

图 2-2-13

图 2-2-14

图 2-2-15

图 2-2-16

活动名称：小老虎

（一）活动描述

森林里的小老虎，我们用浮雕的形式来制作它，不仅用材简便，制作容易，而且较强的立体效果和装饰效果。

（二）活动准备

卡纸、双面胶、水彩笔、剪刀、固体胶、拷贝笔等。

（三）训练能力

1. 培养学生的立体几何思维及动手能力。
2. 培养学生的审美能力。

（四）活动过程

1. 在纸上画出老虎的头、身体及尾巴，并剪下来。（图 2-2-17）
2. 白色卡纸两个圆，然后把圆对折剪开。再在桔黄色卡纸上画一个圆，对半剪开，贴在白色圆上。老虎的耳朵做好了。（图 2-2-18）
3. 做老虎的腮帮子。画两个椭圆（做法同耳朵一致），接着粘上斑点和胡须。再画出尾巴形状剪下来，用空笔芯沿着中间画一条线，沿着线折一下，加上花纹。（图 2-2-19、图 2-2-20）
4. 画老虎的舌头和牙齿（做法同耳朵一致）并剪下来。（图 2-2-21）
5. 在一张贴有背景的纸上进行各个零件组合粘贴。（图 2-2-22 到图 2-2-24）
6. 可爱的小老虎出现啦。（图 2-2-25）

图 2-2-17

图 2-2-18

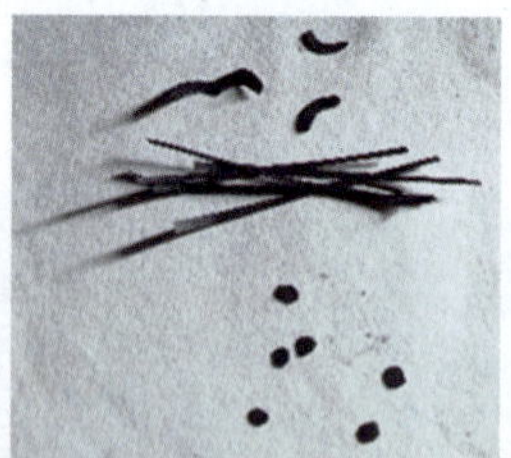
图 2-2-19

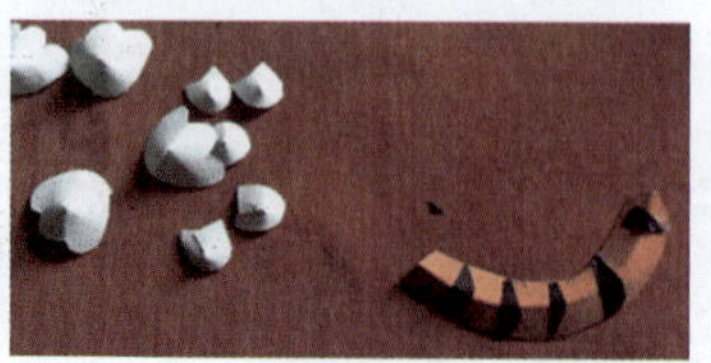
图 2-2-20

图 2-2-21

图 2-2-22

图 2-2-23

图 2-2-24

图 2-2-25

三、作品欣赏

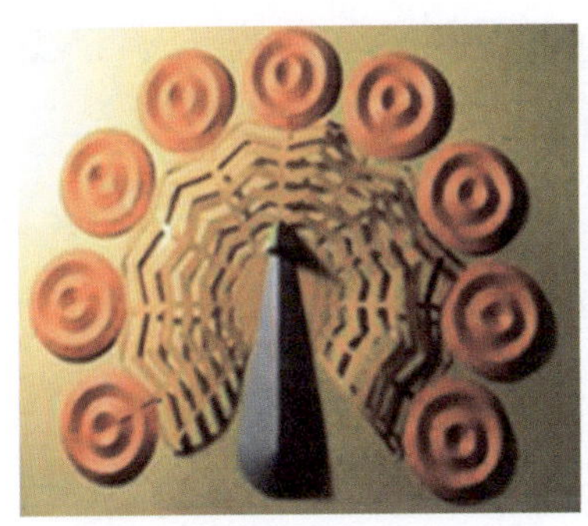

图 2-2-26

图 2-2-27

图 2-2-28

图 2-2-29

图 2-2-30

四、思考与练习

根据幼儿园环境布置的需要，以动物、植物为题材分别设计纸浮雕的草图，再运用所掌握的技法完成作品。

第三节　柱筒结构造型

一、学海导航

知识与能力目标

进一步认识空心柱的造型方式，通过实际操作训练掌握空心柱的制作方法。

过程与方法目标

通过有意识制作各种有联系的空心柱形象，巧妙利用各种技法使形象立体化，设计要在“巧”上下功夫。

情感、态度、价值观目标

培养学生欣赏、表现柱状结构的能力，学会在生活、学习中营造艺术氛围和养成展示时尚美的理念。

一、基础知识

空心柱造型是将平面纸两侧对接，粘贴成圆柱或棱柱，使平面转化为立体型。(图 2-3-1 到图 2-3-3)

图 2-3-1

图 2-3-2

图 2-3-3

这种造型有很好的支撑强度。如果在上面制作形象，会自然呈现前后空间。因此可以利用这一空间，配以相应的景致，可以为主体创造气氛。

(1) 柱筒结构造型的特点

它能随着光照的变化，产生不同效果。这比平面剪纸及只有主体的纸浮雕塑更有独特之处。

（二）柱筒结构造型的基本技法

其造型的变化部位，归纳起来有：柱端变化、柱面变化和柱体棱线上的加工变形等。这些造型，一般都要在柱体封闭粘接之前进行。

1. 柱端变化

加工的形式，可切断两端后，向外折屈成凸出的三角形造型；也可以将柱口的中间部位，进行切割，再向外折屈、弯曲等造型；此外，还可以在柱体角部进行切割，向中间凹入成方台造型，或进行椎体造型。（图 2-3-4 到图 2-3-6）

图 2-3-4

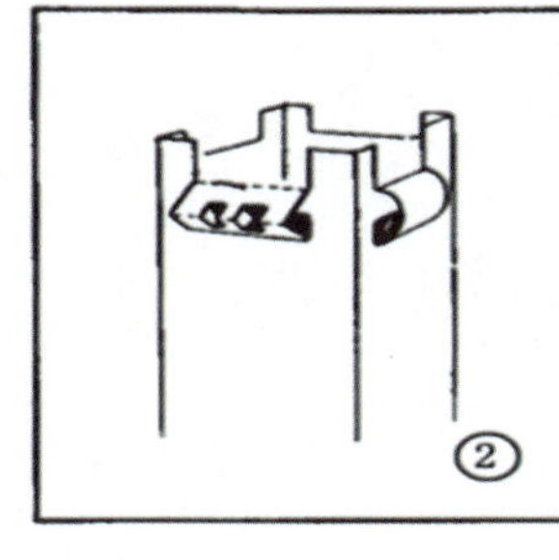

图 2-3-5

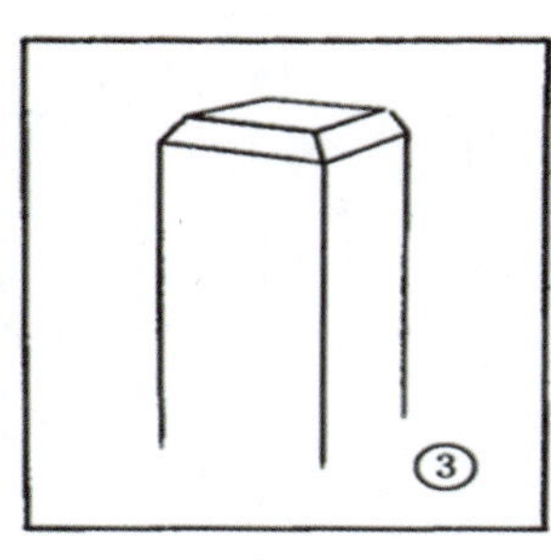

图 2-3-6

2. 柱面变化

这种变化是在柱面上，进行有秩序的切割加工，切割后可以进行折屈凸出，也可以进行拉伸，有的也可以将切割的部位凹入，形成一种开窗的效果，增强柱体的透明变化。有的圆柱体，可以进行横向、垂直或斜向切割，使柱体经过弯曲构成后，形成一种旋转体的构成变化等。（图 2-3-7 到图 2-3-9）

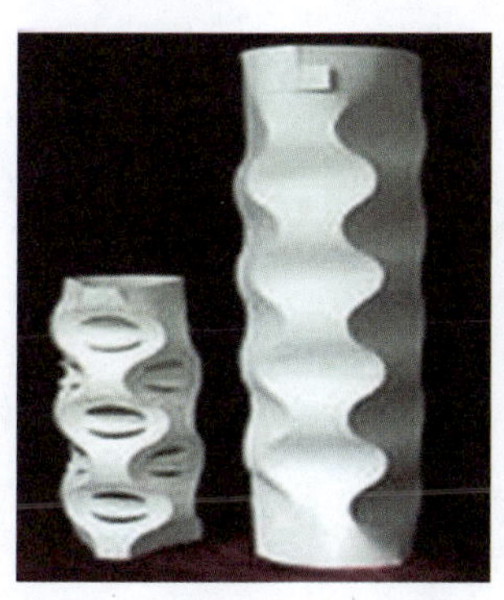
图 2-3-7

图 2-3-8

图 2-3-9

3. 柱体的棱线变化

柱体的棱角，是柱体造型变化的重点部位，在这些凸出的棱线上，经过压屈，可以使棱线的局部，成为曲面的造型；也可以进行切割，将两刀切割分离的部分，凹进柱体中间；此外，也可以使柱棱部位，切掉其多余部分，将几个面同时折屈、凹入，

产生内收的效果。(图 2-3-10 到图 2-3-12)

图 2-3-10　　图 2-3-11　　图 2-3-12

二、案例分析

活动名称：人物形象柱筒

（一）活动描述

在幼儿园活动中，柱状造型可制作成教具、吊挂等。发挥创意制作自己喜欢的作品，进行环境创设设计。

（二）活动准备

胶水、剪刀、笔、纸板、尺子、颜料等。

（三）训练能力

1. 色彩搭配能力。
2. 发挥想象动手创作能力。

（四）活动过程

1. 画好图纸，设计好尺寸。(图 2-3-13)
2. 用相应颜色的卡纸按步进行骤裁剪和粘贴。(图 2-3-14、图 2-3-15)
2. 粘接成柱筒状。(图 2-3-16)
3. 制作耳朵。(图 2-3-17)
4. 添加耳朵，整理完成作品。(图 2-3-18)

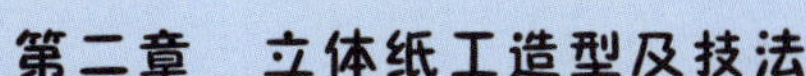

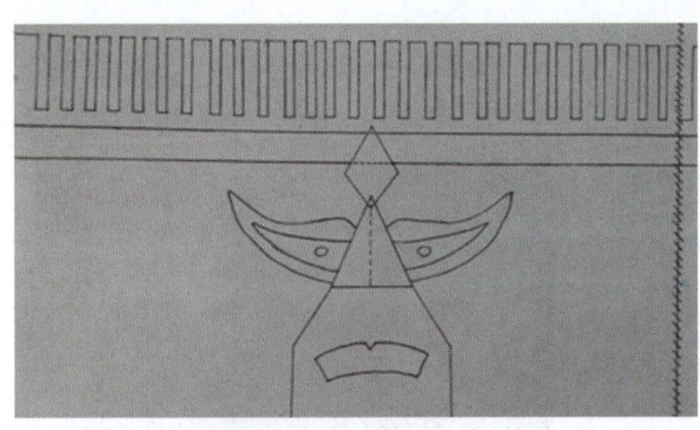
图 2-3-13

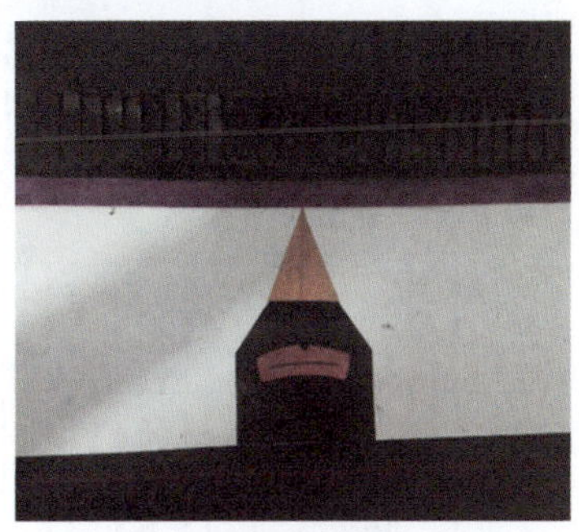
图 2-3-14

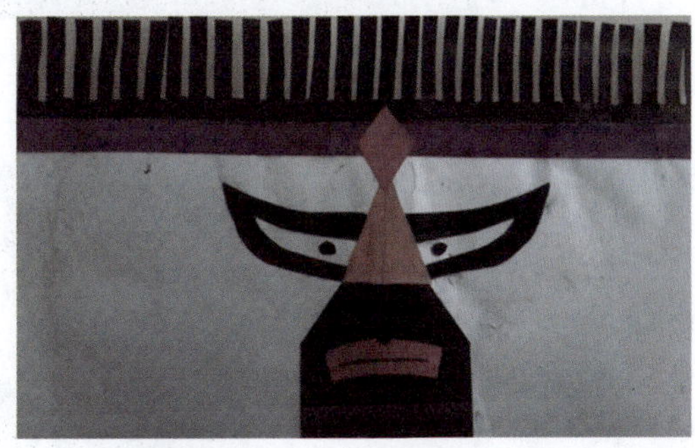
图 2-3-15

图 2-3-16

图 2-3-17

图 2-3-18

活动名称：头饰

（一）活动描述

是表演儿童节目时戴的象征性装饰物，它可以做成头圈形，也可以做成帽子形状。

（二）活动过程

1. 设计图纸尺寸。（图 2-3-19）

2. 剪开、粘接成型。(图 2-3-20)

3. 装饰特征，完成作品。(图 2-3-21 到图 2-3-24)

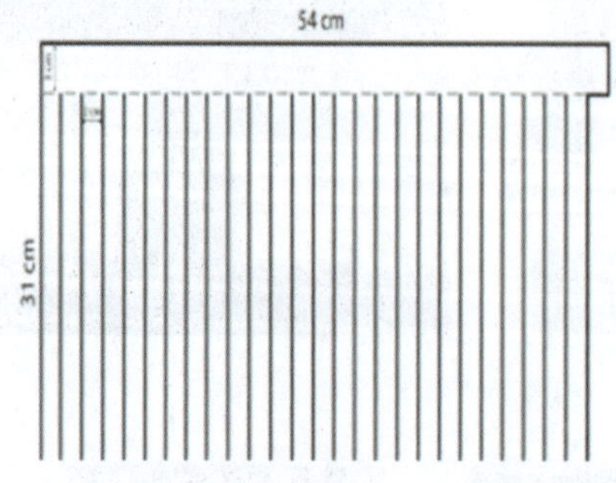

图 2-3-19

图 2-3-20

图 2-3-21

图 2-3-22

图 2-3-23

活动名称：小老虎

(1) 活动描述

利用卡纸进行柱筒结构练习，用材简便，制作容易，有较强的立体效果与装饰效果通过运用剪、刻、折、卷、切等方法表现自己所熟悉或喜欢的动物形象，抒发情感、体验成功、获得愉悦和提升。

(2) 活动准备

彩色卡纸若干、固体胶、剪刀、铅笔、橡皮等。

(3) 训练能力

1. 培养学生创新的能力。

2. 提升依据柱筒结构进行造型的能力。

(四) 活动过程

1. 用橙色卡纸做出一个柱筒。(图 2-3-24)

2. 在不同颜色卡纸上画出老虎的五官、四肢并剪出来。(图 2-3-25)

3. 将剪好的五官、四肢等粘在做好的柱筒上。(图 2-3-26、图 2-3-27)

4. 用粘贴法做好老虎的耳朵，在耳朵上剪一个口以便卡进柱筒中。(图 2-3-28)

5. 调整细节，可爱的小老虎就做好了。(图 2-3-29)

图 2-3-24

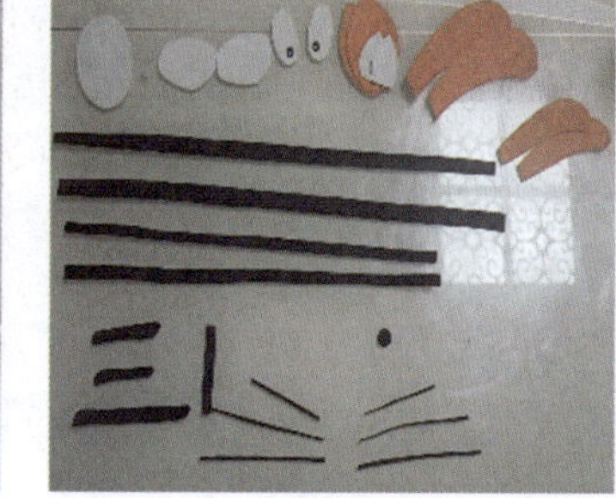
图 2-3-25

图 2-3-26

图 2-3-27

图 2-3-28

图 2-3-29

三、作品欣赏

图 2-3-30

图 2-3-31

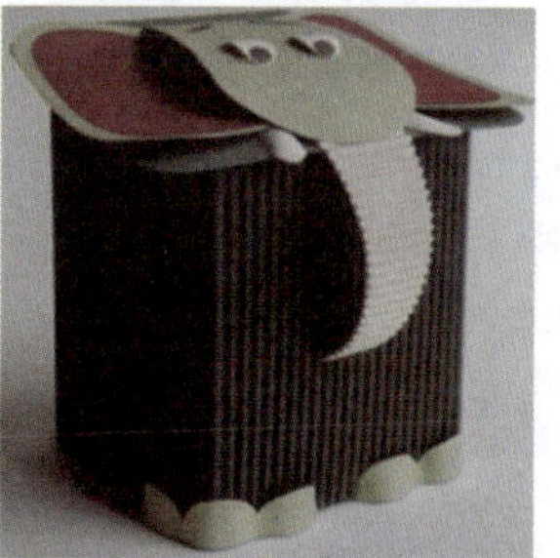
图 2-3-32

图 2-3-33

图 2-3-34

四、练习与思考

1. 设计一组十二生肖的柱筒形象或一组动画人物柱筒形象。

要求：制作认真精细、形象概括、特征突出、技法运用恰当。

2. 设计制作头饰作品一件。

第四节　多面体结构造型

一、学海导航

知识与能力过程目标：了解多面体结构造型特点，掌握多面体的制作步骤。

过程与方法目标

通过多面体的制作，培养学生动手操作能力、立体空间的造型能力。

情感、态度、价值观目标

培养学生欣赏、表现多面体结构的能力，养成展示时尚美的理念。

一、基础知识

这里所指的主要是平面多面体的基本造型结构。这样的正多面体，其基本造型共有五种。即：正四面体、正六面体、正八面体、正十二面体和正二十面体。这五种基本造型，是进行各种多面体造型的基本形态。用此种形体可以集聚构成或切割变化，组成各式各样，种类繁多的空间立体造型。（图 2-4-1、图 2-4-2）

图 2-4-1

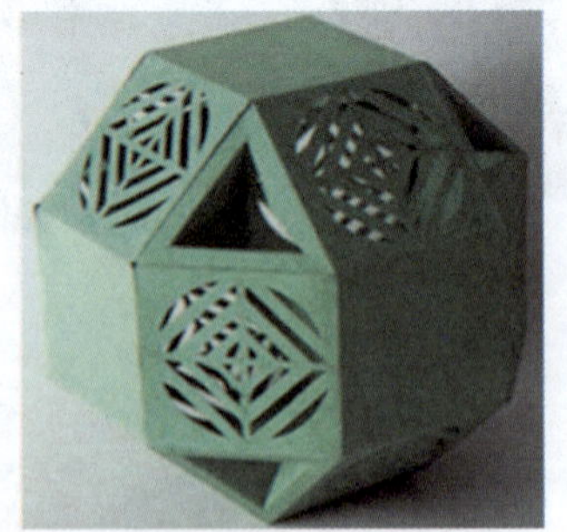

图 2-4-2

（一）多面体结构造型特点

这种立体造型的特点是：由等边、等角、正多角形组成的球体结构。其构成平面

的形状、大小相同，表面结合无缝隙，棱线与顶角都为重点造型，而且向外凸出。（图2-4-3、图 2-4-4）

图 2-4-3

图 2-4-4

（二）多面体结构造型的基本技法

平面展开图是把立体物象呈现于空间中的所有面形展开，全部正投影在一个平面上的制图方式，它可以用这个图排料，从而直接构成立体物象。纸比起其他材料更容易实现立体到平面，平面到立体的构成过程，面体结构造型可采用这样的方法绘制平面展开图来进行制作。

1. 要把立方体分解为相对独立的平面形，即把立体呈现于空间中的各面形分解开，画在图纸上，要注意尺寸应一致。然后按制作的合理性将面与面相接。

2. 纸易于用折的方法使面型转折，在制图中往往把面与面相接的棱用折来处理，只在需要的地方切开口。

3. 为了制作方便，平面图还应留有粘接的部分。粘接时，直线形的粘接容易粘，而曲线与面之间的粘接部分则要剪成锯齿状，才能恰当地使之粘接起来。

4. 绘图中要注意，图的描画用于制作，必须按需要的尺寸、比例来确定，必须使用直尺、三角尺、圆规等绘图工具。仔细画图才能使后期的制作容易实现。

二、案例分析

活动名称：十二面体结构造型

（1）活动描述

做手工是一件特别有意思的事情，通过手工可以做出各种想要的造型，用平面的卡纸做出一个立体的多边形结构造型，不仅锻炼了能力，还会获得满满的成就感！

（2）活动准备

卡纸、双面胶、圆规、剪刀、刻刀、铅笔、橡皮等。

（3）训练能力

1. 设计图案和剪纸刻纸的能力。

2. 组合部件的能力。

（四）活动过程

1. 在卡纸上用圆规画一个大小合适的圆，并在圆内画一个正五边形，用剪刀将圆形沿边剪下。（图 2-4-5、图 2-4-6）

2. 在五边形里面用铅笔画上自己喜欢的图案，用刻刀将图案刻好，沿着五边形的线把圆往里折，然后打开用橡皮将铅笔印擦干净。（图 2-4-7）

图 2-4-5

图 2-4-6

图 2-4-7

3. 重复以上步骤，做好十二个这样的部件。（图 2-4-8）

4. 将其中六个部件中的每一个部件的每一个边缘都与另一个的接连成一个半球体。（图 2-4-9）

5. 把两个半球体体相对粘到一起成为一个球体。（图 2-4-10）

图 2-4-8

图 2-4-9

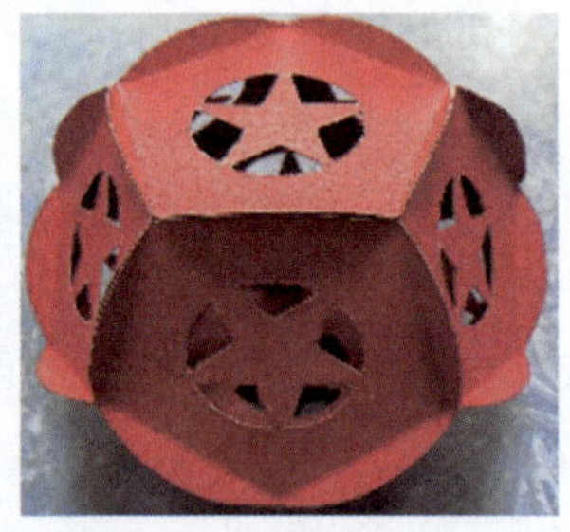
图 2-4-10

活动名称：多面体结构

（1）活动描述

在幼儿园教学中可用来训练学生立体造型概念，作品还可以制作成吊挂装饰环境。

（二）活动过程

1. 制作平面图，裁剪下来，一定要记得留下粘贴面。（图 2-4-11、图 2-4-13）

2. 用白乳胶或双面胶粘贴完成。（图 2-4-12、图 2-4-14）

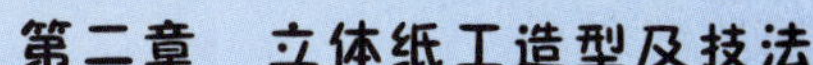

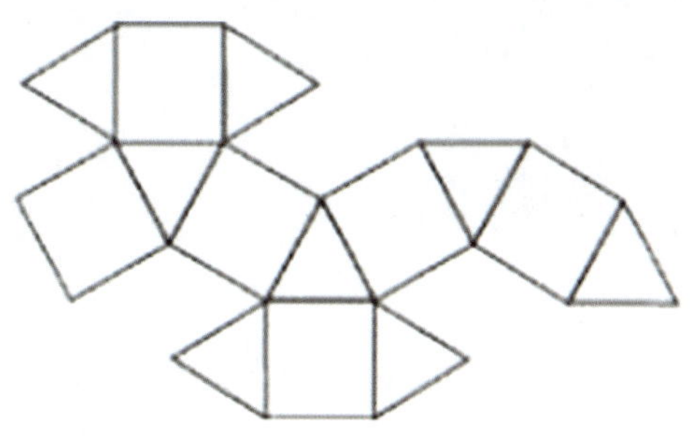

图 2-4-11

图 2-4-12

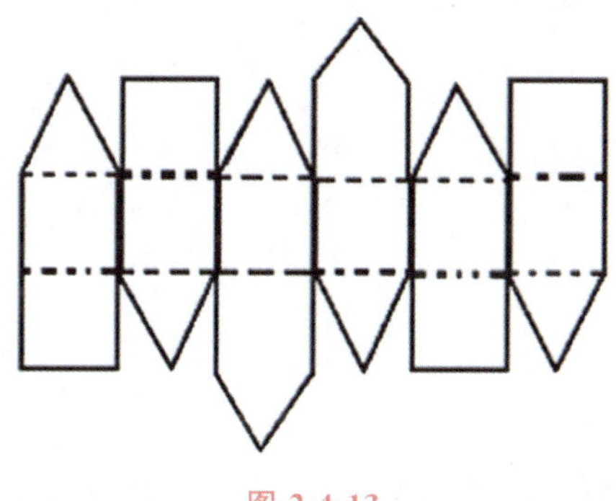

图 2-4-13

图 2-4-14

三、作品欣赏

图 2-4-15

图 2-4-16

图 2-4-17

四、练习与思考

1. 球体造型在制作时，什么是最关键？
2. 自选一个球体进行制作，要求在球面上进行变化。

第五节　卷编造型

一、学海导航

知识与能力目标

了解卷编造型的特点，掌握卷编造型的方法与技能技巧。

过程与方法目标

通过制作卷纸画，提高学生的动手制作能力。

情感、态度、价值观目标

培养学生赏析卷编造型作品的审美情感。

一、基础知识

卷编造型是将彩色的卡纸等纸张裁成细纸条，然后根据需要把它们卷成圆、椭圆、三角、方形的简单形状，就可以用这些“构件”，组合成动植物、静物和各种美丽的画面。(图 2-5-1 到图 2-5-3)

图 2-5-1

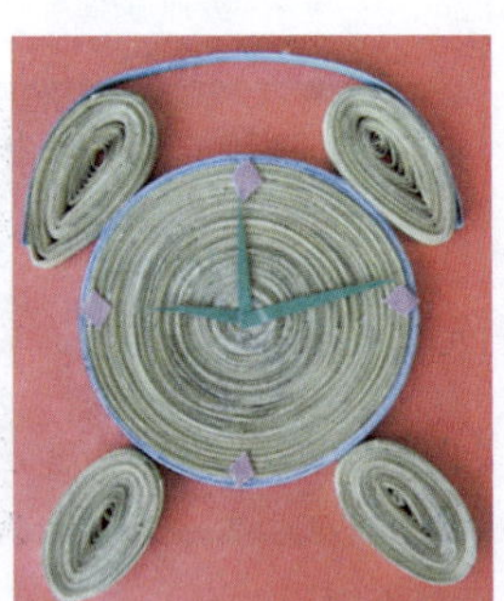

图 2-5-2

图 2-5-3

(一) 卷编造型的特点

卷编造型的表现力丰富，极具装饰性，而它的制作技法却非常简单，它可繁可简。简单的，幼儿园的孩子就可以做；复杂的，即使十几岁的孩子也仍然做得很有兴味。学习卷编造型，可以培养儿童的艺术创造力、想象力，可以锻炼儿童小手的灵活性，并且培养他们从小养成动脑动手的好习惯。

(2) 卷编造型的基本技法

通常的制作步骤是先画好草稿，按照画稿进行制作。熟练后也可不画；然后选好

所用彩色纸，量好尺寸，用刀裁成一样宽的纸条；接着按画稿要求，用彩色纸条卷出所需要的造型，粘好，用乳胶贴在衬底上；最后，对个别部位，如动物的眼睛等，用电光纸剪贴点缀。

1. 面的卷法（图 2-5-4 到图 2-5-5）

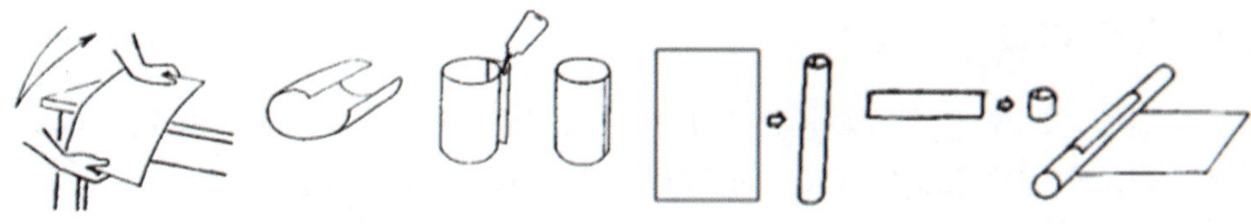

图 2-5-4　　图 2-5-5

2. 纸条的卷法

①圆形卷法：用纸条从里往外一圈一圈卷。注意卷好、卷齐，然后粘好，以免松散。（图 2-5-6）

②椭圆形卷法：先留出一定长度的纸条，再围绕着它卷，方法与圆形卷法相同。

椭圆形长的，最先留出的纸条尺寸也要长些。（图 2-5-7）

③水滴形、半圆形、三角形、眼形及其他形体卷法：开始卷法同圆。

卷好后轻放，使纸卷变得松一些，然后捏成水滴形、半圆形、三角形、眼形或其他形体，并注意粘好。（图 2-5-8 到图 2-5-11）

图 2-5-6

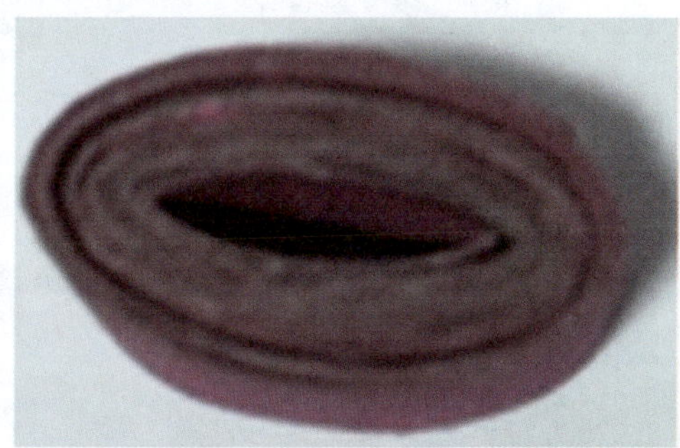

图 2-5-7

图 2-5-8

图 2-5-9

图 2-5-10

图 2-5-11

二、案例分析

活动名称：心形树

（一）活动描述

本活动能够训练学生的巧妙构思和制作的技能技巧，在教学中常运用卷编技能制作装饰画，环境创编中来布置环境，也可以制作一些立体的小玩具。

（二）活动过程

1. 黑色和红色纸剪成宽度为5mm的长条的，画出你喜欢的花树轮廓，使用笔温柔的拉伸黑色纸条，按照所画的线条，粘贴固定在纸板上。（图 2-5-12）

2. 继续粘贴黑色和红色纸创建树木，弯曲的纸条，在内部制作出一个粉红色的心轮廓。（图 2-5-13）

3. 同样的方法制作大小的心形纸张，这样饱满的花树轮廓就制作出来了。（图 2-5-14）

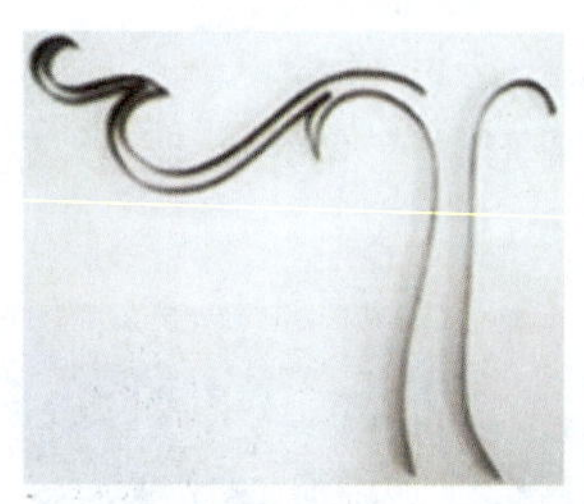

图 2-5-12

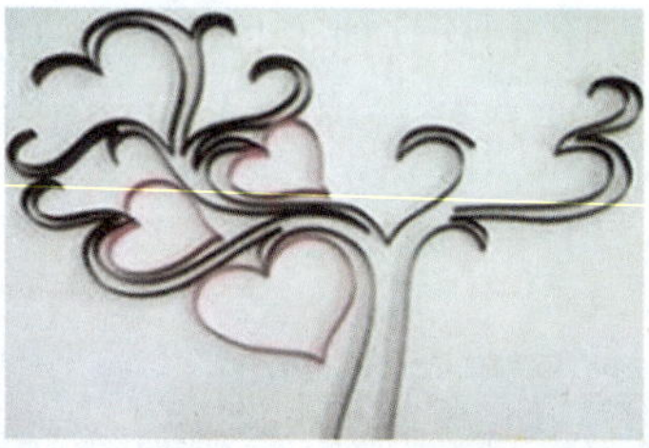

图 2-5-13

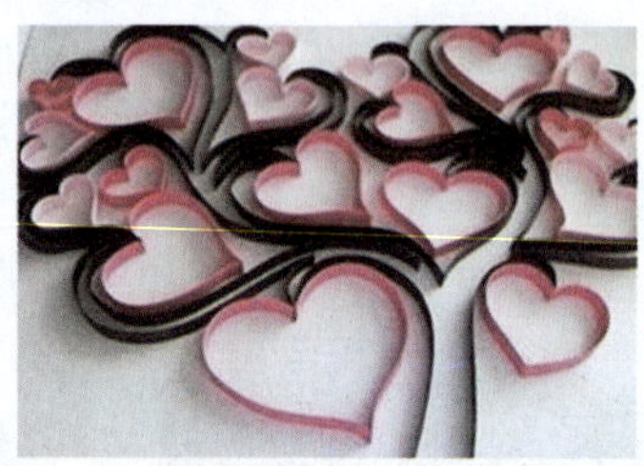

图 2-5-14

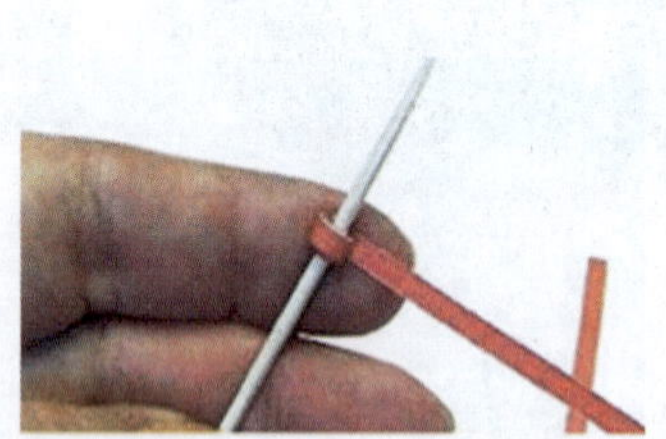

图 2-5-15

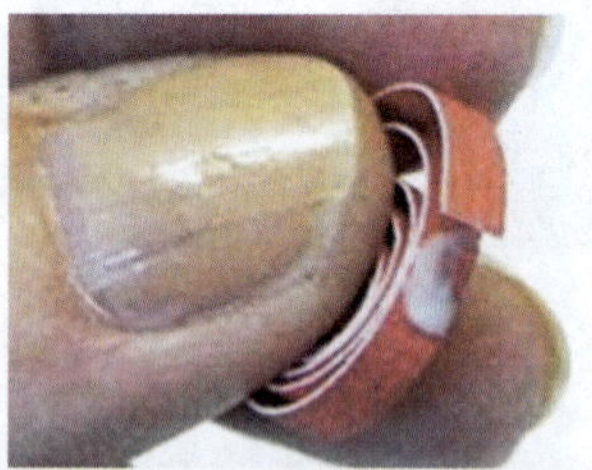

图 2-5-16

图 2-5-17

图 2-5-18

4. 用牙签卷曲红色的纸条，形成一个圆形的卷，注意圆形一定要平整密实。（图 2-5-15）

5. 圆卷做好后，在纸张的最后边缘涂上一点胶水，然后固定，圆纸卷填满心形轮廓。（图 2-5-16）

6. 切长条状的黑纸沿树干粘贴创建有立体感的树干。（图 2-5-17）

7. 极其抢眼醒目的心形卷纸花树制作完成。（图 2-5-18）

活动名称：猫头鹰

（1）活动描述

卷纸画就是利用纸条造形后进行粘贴，用简单的材质创造没得作品，富有童趣和情调，但是卷纸画的制作也有一定的难度，需要具备一些制作形状的能力。

（2）活动准备

各色卡纸、剪刀、胶水、笔等。

（3）训练能力

1. 提升动手能力。

2. 把喜欢的事物用卷纸的方式体现出来的创造力。

（四）活动过程

1. 准备做好卷编画的材料与工具。（图 2-5-19）

2. 将要做的东西描好边框轮廓 。（图 2-5-20）

3. 将长条卡纸卷起来成一个圆，或者其它想要的形状。（图 2-5-21、图 2-5-22）

图 2-5-19

图 2-5-20

4. 制作好猫头鹰的大眼睛。（图 2-5-23）

5. 把做好的卷纸贴到画上，直到填充完整。（图 2-5-24）

6. 贴上眼睛，完成作品。还可以装上一个相框悬挂在家里当装饰品。（图 2-5-25）

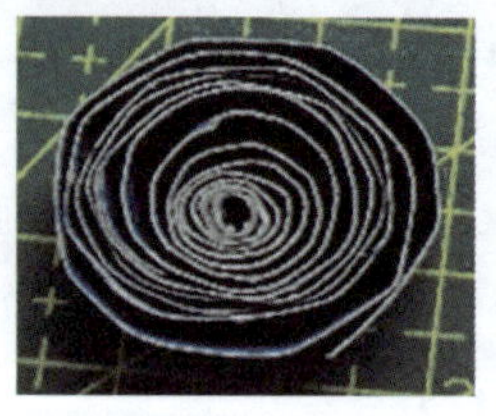
图 2-5-21

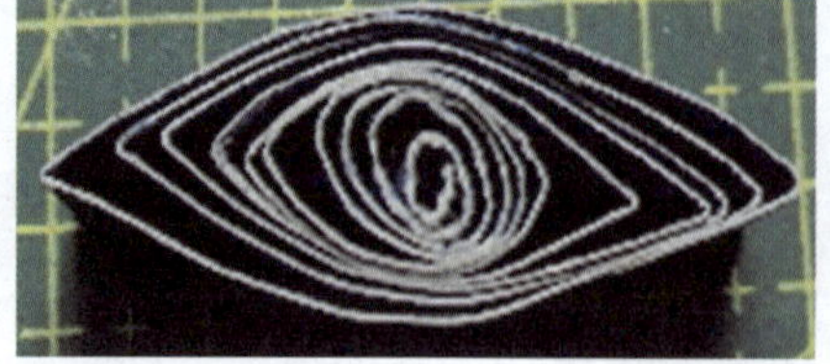
图 2-5-22

图 2-5-23

图 2-5-24

图 2-5-25

三、作品欣赏

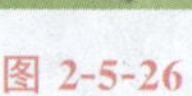
图 2-5-26

图 2-5-27

图 2-5-28

图 2-5-29

图 2-5-30

图 2-5-31

四、练习与思考

1. 临摹欣赏中的作品一幅，要求制作严谨和画面整洁。

2. 创作一幅作品，题材不限，要求注重组合构成关系。
3. 我国传统的龙凤纹、缠枝莲纹、缠枝牡丹纹等纹样可用卷编技能表现吗？

第六节　剪折纸造型

一、学海导航

知识与能力目标

了解剪折造型的特点，掌握剪与折技法组合造型的方法。

过程与方法目标

通过折纸的基本折法的学习，进一步训练学生的立体造型能力。

情感、态度、价值观目标

通过折、剪等活动，培养学生对作品的审美能力。

一、基础知识

剪折纸是集剪纸、折纸优点的一种新形式，它可把各种形象通过剪折成为有空间感的立体造型。（图 2-6-1、图 2-6-2）

图 2-6-1

图 2-6-2

（一）剪折纸造型的特点

剪折纸造型吸收了折纸与剪纸的造型手段，线条简练，造型夸张。它又不同于单纯的折纸，折纸通过一张纸的多次折叠，使纸的体积空间缩小，而剪折纸利用立体构成的技法，将纸剪折卷曲，使纸的体积空间增大，而且制作方法更简便。剪折纸的造型概括夸张，与现代雕塑有异曲同工之妙。

（二）剪折纸造型的技法

平面的纸经过折叠，就能竖立在桌面上，如果我们把纸对折，把纸的外形剪切成动物的侧面形，在加上巧妙地构思和折法，那么就可以用这种简单的立体化方法制作立体的动物形象了。

1. 选用厚实的纸，先对折。
2. 在纸上画出剪开线，用硬物在折痕处划压折线，然后用剪刀剪下外形。
3. 按折线位置折叠成形。再加以装饰。

二、案例分析

活动名称：小天鹅

（一）活动描述

剪折纸造型是纸立体造型是一个分类，也是孩子们喜欢玩的制作，在教学中运用广泛，可制作教玩具、装饰环境等。

（二）活动过程

①按照小天鹅的形象，把纸裁成长方形，对折。（图 2-6-3）
②在相应部位设计好翅膀的剪切线及身体的折线。（图 2-6-4）
③分别运用折叠、卷曲、剪的技法制作小天鹅。（图 2-6-5）
④整理完成。（图 2-6-6、图 2-6-7）

图 2-6-3

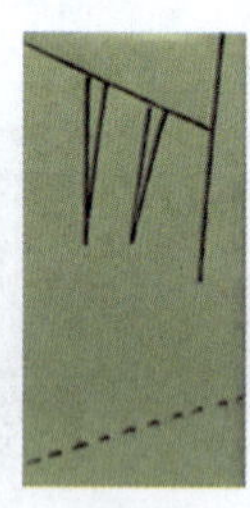
图 2-6-4

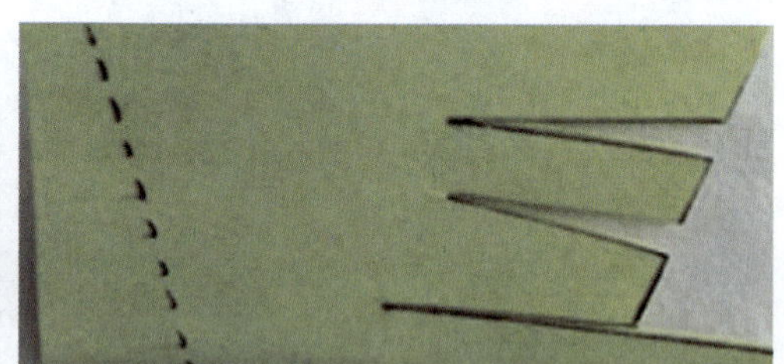
图 2-6-5

图 2-6-6

图 2-6-7

活动名称：小狐狸

（1）活动描述

根据构思先画出平面图，通过剪折成动物的立体造型。

（二）活动过程

1. 选用厚实的纸，先对折。（图 2-6-8）
2. 在纸上画出剪开线。（图 2-6-9）
3. 用硬物在折痕处划压折线，然后用剪刀剪下外形。（图 2-6-10）
4. 按折线位置折叠成形，再加以装饰。（图 2-6-11）

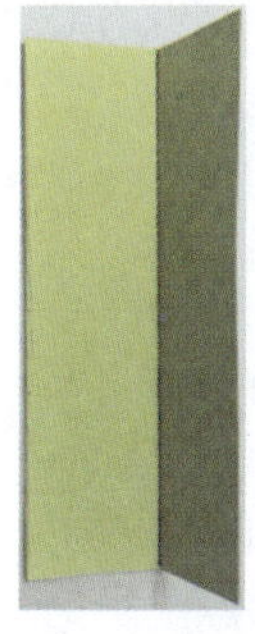
图 2-6-8

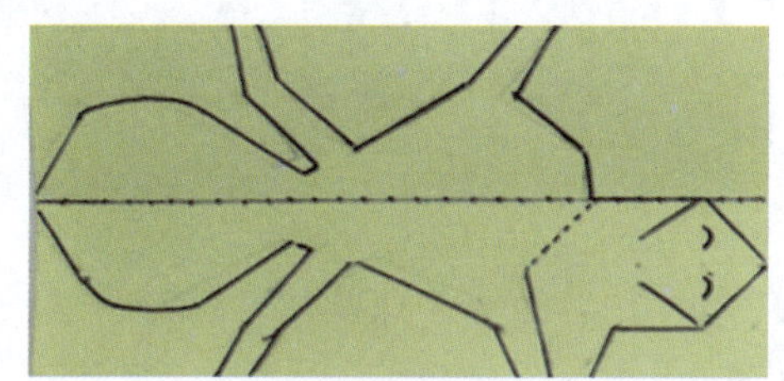
图 2-6-8

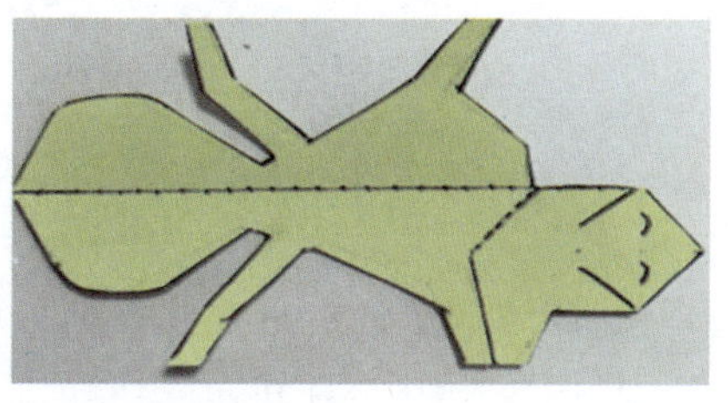
图 2-6-9

图 2-6-11

活动名称：剪折鸵鸟

（1）活动描述

折纸是学生非常喜欢的题材，可通过剪折纸的形式表现学生喜欢的动物形象。

（2）活动准备

剪刀、铅笔、折纸、尺子、双面胶等。

（3）训练能力

1. 动手能力，独自完成作品能力。
2. 依据线条提示完成作品折叠的能力。

（四）活动过程

1. 将一张透明的纸对边折好，在一边画好半只鸵鸟，通过拷贝的形式补齐另一半。（图 2-6-12）

2. 将设计好的草图伏在一张卡纸上画出有剪切线、谷线和峰线的展开图并把外轮廓剪下来。（图 2-6-13）

3. 按展开图的线条进行切割。（图 2-6-14）

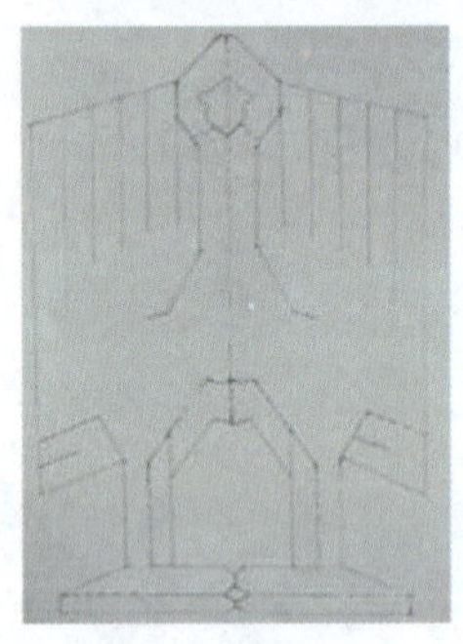

图 2-6-12

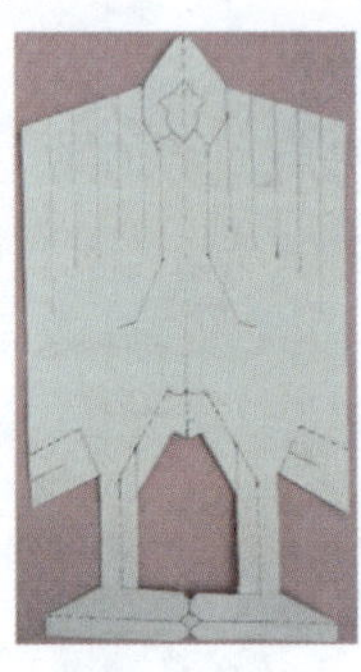
图 2-6-13

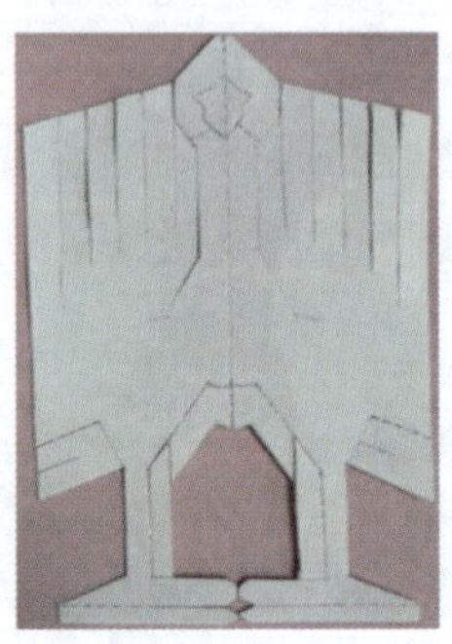
图 2-6-14

4. 按照线条提示折叠和卷曲。（图 2-6-15、图 2-6-16）

5. 调整细节，直到完成作品 。（图 2-6-17）

图 2-6-15

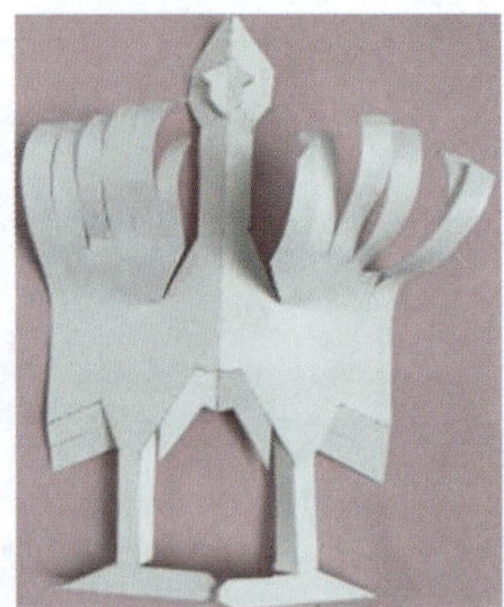
图 2-6-16

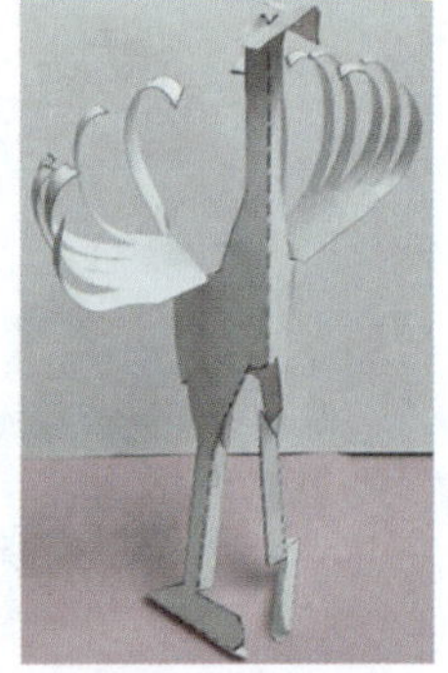
图 2-6-17

三、作品欣赏

图 2-6-18

图 2-6-19

图 2-6-20

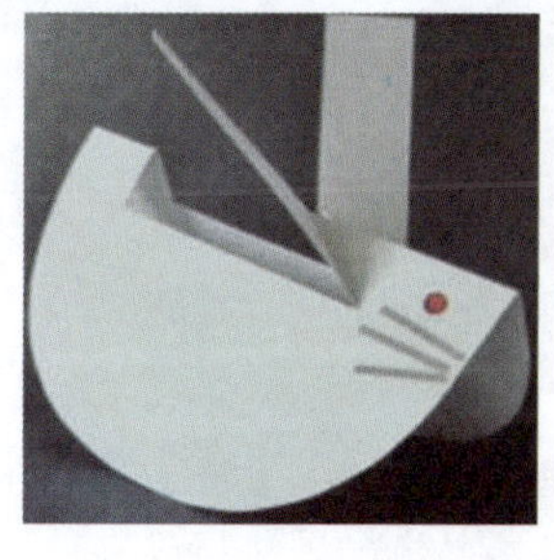
图 2-6-21

图 2-6-22

图 2-6-23

四、练习与思考

1. 制作一组有关联的动物形象，试着组合在一起，形成一个有情节的场面，要求整体关系要和谐统一，造型要概况突出。

2. 思考：怎样合理、巧妙地运用折叠、卷曲、剪刻、粘接、组合等方法，使形象突出并立体化？

第七节　插接造型

一、学海导航

知识与能力目标

了解插接造型的特点、使用工具等。能够设计出美感，装饰性强的插接造型。

过程与方法目标

掌握插接造型制作的基本技能，如剪刀、美工刀的使用方法，掌握剪与折技法组合造型的方法，训练学生的立体造型能力。

情感、态度、价值观目标

培养学生观察能力、动手操作能力，培养对作品的审美能力。

一、基础知识

插接造型即两个或多个面互插，使插面的端部互相叠压、咬合，或切口后互相穿插，使造型获得立体效果。（图 2-7-1、图 2-7-2）

图 2-7-1

图 2-7-2

（一）插接造型的特点

这是一种灵活的结合方式。这种方式便于安装、拆卸，多数应用在可携带、安装的立体造型结构上。这种造型从不同视角看都有一定体量，使形象更加丰富。（图 2-7-3、图 2-7-4）

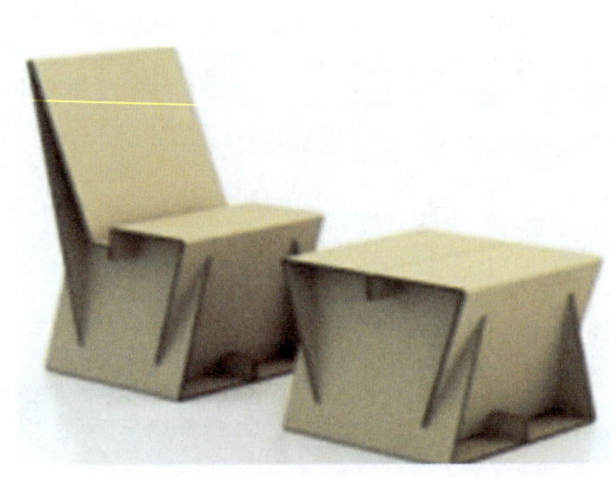

图 2-7-3

图 2-7-4

（二）插接造型的技法

插接宜用厚硬结实的纸、纸板、吹塑纸等。插接根据不同的用途，在插接时有以下三种情况。

1. 线与线之间的交叉（我们可以把纸的剖面看作线），如十字形插接，采用抽槽或插接；

2. 入式插接，及线与面之间的插接，可在面上开口，插入线形，也可在插入后粘接；

3. 面与面之间的插接，即纸片与纸片不用胶水相互结合在一起的方法，在各种纸盒包装上广泛采用。

图 2-6-21

图 2-6-22

图 2-6-23

四、练习与思考

1. 制作一组有关联的动物形象，试着组合在一起，形成一个有情节的场面，要求整体关系要和谐统一，造型要概况突出。

2. 思考：怎样合理、巧妙地运用折叠、卷曲、剪刻、粘接、组合等方法，使形象突出并立体化？

第七节　插接造型

一、学海导航

知识与能力目标

了解插接造型的特点、使用工具等。能够设计出美感，装饰性强的插接造型。

过程与方法目标

掌握插接造型制作的基本技能，如剪刀、美工刀的使用方法，掌握剪与折技法组合造型的方法，训练学生的立体造型能力。

情感、态度、价值观目标

培养学生观察能力、动手操作能力，培养对作品的审美能力。

一、基础知识

插接造型即两个或多个面互插，使插面的端部互相叠压、咬合，或切口后互相穿插，使造型获得立体效果。（图 2-7-1、图 2-7-2）

图 2-7-1

图 2-7-2

（一）插接造型的特点

这是一种灵活的结合方式。这种方式便于安装、拆卸，多数应用在可携带、安装的立体造型结构上。这种造型从不同视角看都有一定体量，使形象更加丰富。（图 2-7-3、图 2-7-4）

图 2-7-3

图 2-7-4

（二）插接造型的技法

插接宜用厚硬结实的纸、纸板、吹塑纸等。插接根据不同的用途，在插接时有以下三种情况。

1. 线与线之间的交叉（我们可以把纸的剖面看作线），如十字形插接，采用抽槽或插接；

2. 入式插接，及线与面之间的插接，可在面上开口，插入线形，也可在插入后粘接；

3. 面与面之间的插接，即纸片与纸片不用胶水相互结合在一起的方法，在各种纸盒包装上广泛采用。

二、案例分析

活动名称：圣诞树

（一）活动描述

插接造型主要训练学生创造性思维能力，在教学中还要培养学生的协作精神。一般应用在教具制作方法。

（二）活动过程

1. 画好外形图纸，设计在什么地方进行插接。（图 2-7-5）
2. 剪出各个零部件，制作切口。（图 2-7-6）
3. 插接组装。（图 2-7-7）
4. 装饰完成圣诞树。（图 2-7-8、图 2-7-9）

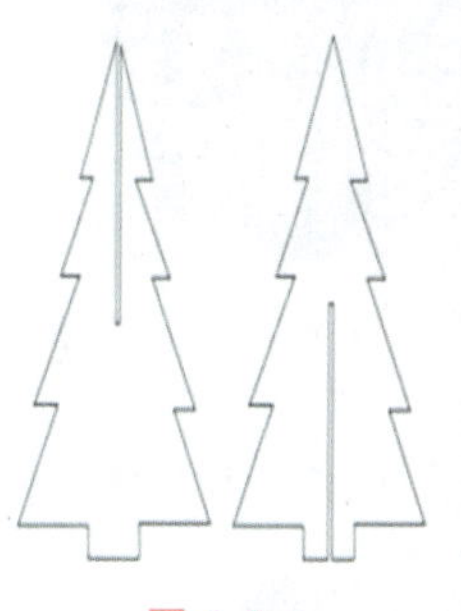
图 2-7-5

图 2-7-6

图 2-7-7

图 2-7-8

图 2-7-9

活动名称：插接宫灯

（一）活动描述

古代宫灯的基本造型在场景剧情里显得特别美，我们用废弃厚的纸壳通过插接的

形式也可以让大家了解宫灯的基本结构，还能够展现宫灯不一样的美。

（二）活动准备

硬纸盒、铅笔、橡皮擦、美工刀、剪刀等。

（三）训练能力

1. 练习插接技能，学会镂空刻纸。
2. 了解宫灯的基本结构，传承手工。

（四）活动过程

1. 用硬纸板做六个六边形，用美工刀对它们进行镂空，用剪刀在合适的位置开剪切口。（图 2-7-10 到图 2-7-12）

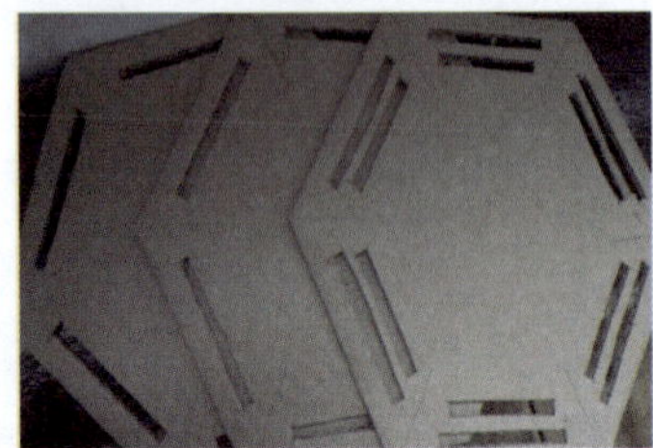
图 2-7-10

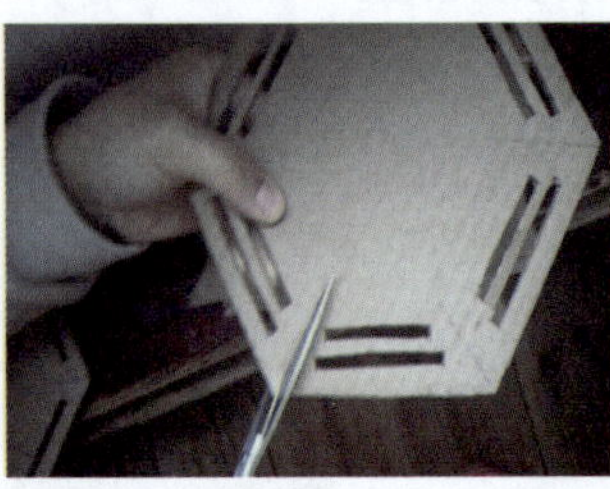
图 2-7-11

图 2-7-12

2. 继续用硬纸板做六个宫灯棱，每个的所有切口和镂空都要一样。（图 2-7-13、图 2-7-14）

图 2-7-13

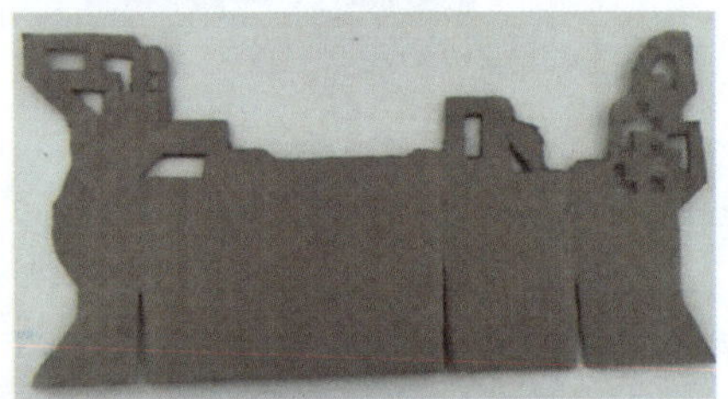
图 2-7-14

3. 按顺序小心插接。（图 2-7-15）
4. 如果有材料的话，可以宫灯做穗子进行装饰和悬挂。

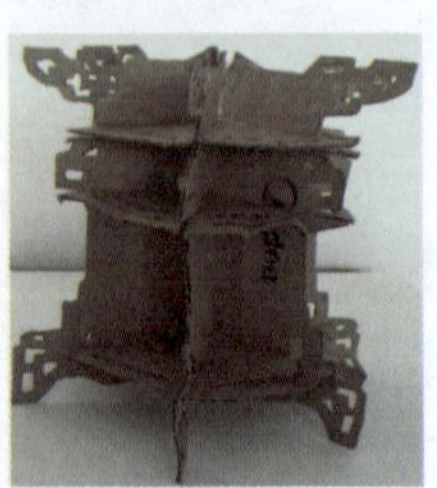
图 2-7-15

三、作品欣赏

图 2-7-16

图 2-7-17

图 2-7-18

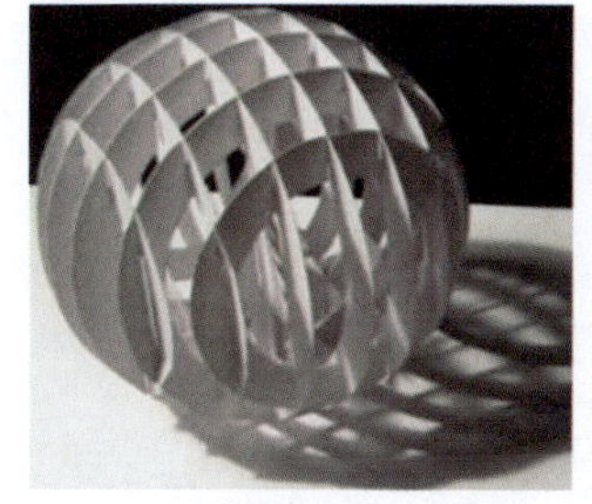
图 2-7-19

图 2-7-20

图 2-7-21

四、练习与思考

1. 小组合作设计制作一件插接作品。(如用纸杯插接一条龙) 要求造型生动，色彩搭配合理，底座牢固。

2. 观察欣赏作品，说一说和我们平常制作的硬纸工作品有什么不同?

第三章　泥工造型及技法

一、泥工的概述

泥工是用自然黏土或其他可塑性强的泥用手及简单的工具塑造立体造型的一种艺术活动。

泥作为造型教育材料有很多优点，它可以随人的意愿自由变形，为创造性的表现提供了条件。在幼儿教育中，泥工可以从感性上加深幼儿对形状、体积、空间、量感的理解，有助于造型能力的提高。

二、泥工的特点

泥工的材料主要是自然黏土、橡皮泥、纸粘土和面团。泥用于造型的最基本特点是它具有可塑性和粘性，这种特点可以使人随意改变其形状，从而达到造型的目的，它既可以分离又可粘接，郑家或减少泥的体块很容易，这样就可以把复杂的立体形象用加法和减法制作出来，也可以把复杂的形象分解为若干个简单的形状分别制作，在组合粘接在一起而构成形象。

三、材料和工具

泥工主要靠徒手捏塑，但也需要使用一些简单工具以丰富作品的表现力。

工具有泥工板（也叫垫板，为的是不弄脏桌面并能保持作品底部平整，可用纤维板等。（图 3-1、图 3-2）

图 3-1

图 3-2

泥塑刀（用木或塑料制成，形状有尖、圆、扁、锯齿等多种，可在泥工中帮助达到手所达不到的效果。也可用小勺、竹片等代替。（图 3-3）

湿布，用于擦手。在自然黏土中还用于蒙在泥塑作品上避免干燥。

擀泥棍，用于将泥擀平整，并擀泥块！（图 3-4）

另外，还有陶泥拉培机，转盘，电窑等等，考虑到学前教育专业的实际情况，本节主要以徒手捏泥，揉泥为主要教学内容。

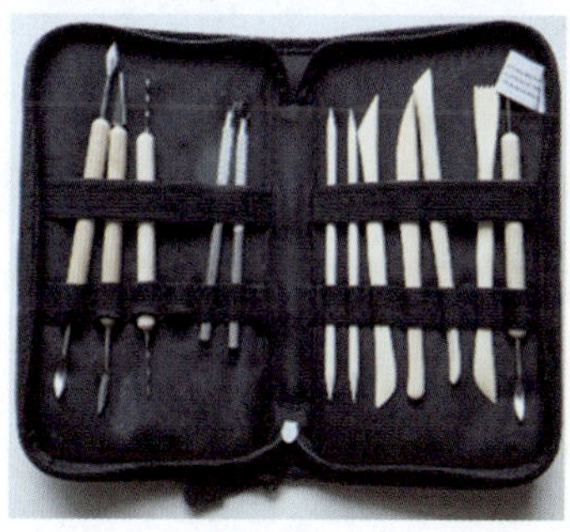
图 3-3

图 3-4

四、泥工的准备

采集到的自然黏土要用初粗筛筛一遍，去掉杂质，得到黏土粉末（如果土质好，也可不筛）。用盆将黏土加水浸泡两三天，然后把全泡透的泥土倒在水泥地上摔打翻和，泥要捶打成细腻、柔软、不沾手的程度（可在泥中加入少量油脂）。用手捏揉不易出现裂纹为好。为了使泥保持湿软，随时可用，和好的泥要摔打成大的团块，放入塑料袋中，扎紧开口，这样可保持很长时间，也可放在储藏黏泥的专用桶中。（图 3-4、图 3-5）

图 3-4

图 3-5

面团是用面粉加少量石炭酸和成，可根据不同需要加入少量的各种颜料，和匀后放入锅里蒸五分钟，等冷却后即可使用，也可用凡士林油和面，一般油与面之比为 1：3 或 1：3.5，此法既卫生又简便，特别适用于气候凉爽的地方和冬季。（图 3-6）

图 3-6

图 3-7

另外，还有彩色塑形油泥，轻泥土等色彩艳丽，使用方便的黏土。(图 3-6)

第一节　徒手捏塑造型

一、学海导航

知识与能力目标

通过学习使学生懂得初步掌握徒手捏泥、塑型的基本方法与知识.

过程与方法目标

学生通过搓圆，压扁，搓条等方法制作简单的泥工造型。

情感、态度、价值观目标

学会欣赏徒手捏泥的泥工作品，感受徒手捏泥的乐趣，以及徒手捏塑泥工的质朴、简洁、浑厚的艺术风格。

一、基础知识

徒手捏泥是不依托模型，完全用手工制胚的成型方法。这种纯手工的成型方法比较适合用于单一件产品的制作，能充分展示出作者的艺术个性。

(一) 徒手捏塑的特点

这是人类社会最早摸索出来的技法，特点是简单、直接。这种方法适合塑造一些小型的造型，作品表现出更多的人工的痕迹和原始的风貌，它凹凸不平，它不太规则，它也生动夸张。这种方法最易于直接传达作者的情感，体现作者的表现能力。(图 3-1-1、图 3-1-2)

图 3-1-1

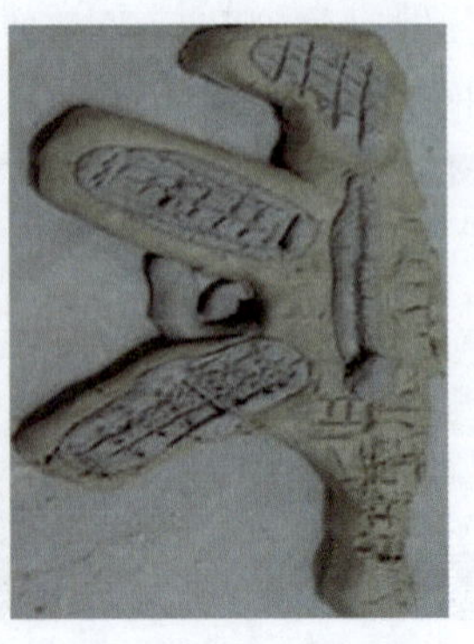
图 3-1-2

（二）徒手捏塑的基本技法

徒手捏泥使用方便，在幼儿园的手工课程中深受小朋友的喜欢，比如榆林职业技术学院神木校区的职大附属幼儿园组织孩子们开展的泥工活动课，孩子们在捏泥，揉泥的过程中体会到泥工活动的快乐，培养专注力与思考能力，观察能力与造型能力等，还学会从小养成团队合作的能力，真正做到了寓教于乐，丰富了幼儿的一日生活。（图 3-1-3、图 3-1-4）

图 3-1-3

图 3-1-4

二、案例分析

活动名称：手捏马

（一）活动描述

徒手捏泥是一种古老的泥工制作方式，即使在今天它仍有其积极的意义，对于锻炼人们的手部肌肉的协调能力，徒手捏制的泥工作品带有独特的手工质感和粗犷的美感。

（二）活动过程

1. 取一块泥巴并在掌心反复揉捏，使之均净没有气泡。（图 3-1-5）

2. 先捏马身的基本形，尾巴处大一些，头部细窄一点。这时右手固定马身，左手拉长头部的泥巴形成颈部，即压扁并向上吊起，将头部拉长并弯转成马头并捏起马的耳朵。（图 3-1-6）

3. 用泥条搓成尾巴和后腿与马身连接 ，右手将马尾拉长。（图 3-1-7）

图 3-1-5

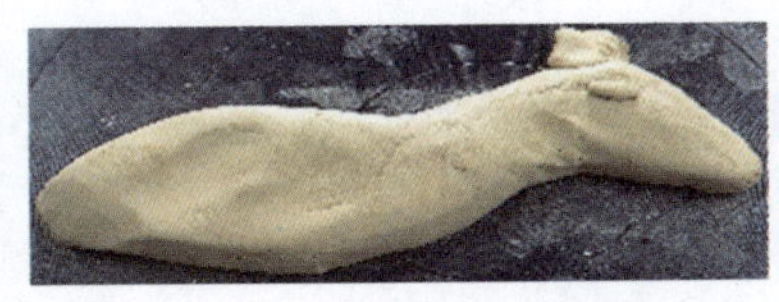
图 3-1-6

图 3-1-7

4. 装上马鬃，然后在头部眼睛的位置，用工具压出一对眼睛。(图 3-1-8)
5. 用泥捏出前腿腿并连接到马身上。(图 3-1-9)
6. 用竹签在马身上刻画出纹路装饰，进行细节的雕刻。(图 3-1-10)
7. 阴干，完成作品的制作。(图 3-1-11)

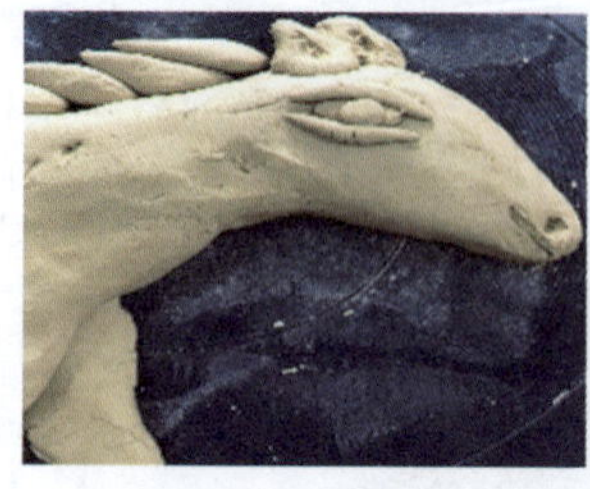
图 3-1-8

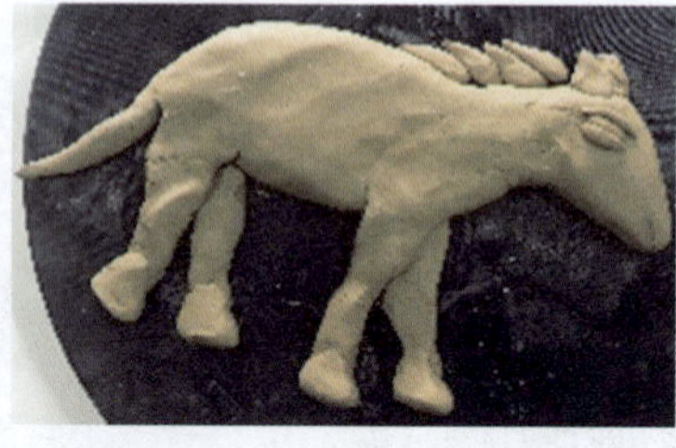
图 3-1-9

图 3-1-10

图 3-1-11

活动名称：鳄鱼

(1) 活动描述

通过徒手捏造型活动可以培养学生的创造力、想象力以及动手能力。

(二) 活动准备

泥巴、小刀、黑卡纸、白胶带、玉米核等。

(3) 训练能力

1. 学生的徒手捏造型能力。
2. 学生的创造力、想象力。

(四) 活动过程

1. 把鳄鱼身体的大体形状做出来。(图 3-1-12)
2. 把鳄鱼头部进行“开口”。(图 3-1-13)
3. 开始做鳄鱼的腿。(图 3-1-14)
4. 做鳄鱼的小部件：两只眼睛、12 只爪子、若干个的背部和尾部的突起 (图 3-1-15)

5. 把鳄鱼的爪子、突起、褶皱依次按上去，并拿手指戳出鳄鱼的鼻孔。（图 3-1-16）

6. 鳄鱼制作完成。（图 3-1-17）

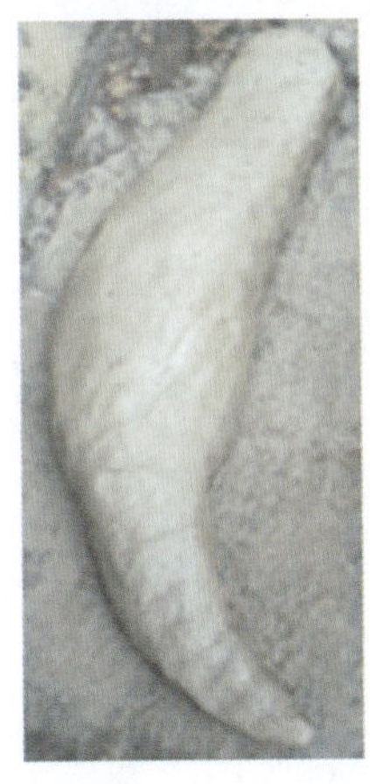
图 3-1-12

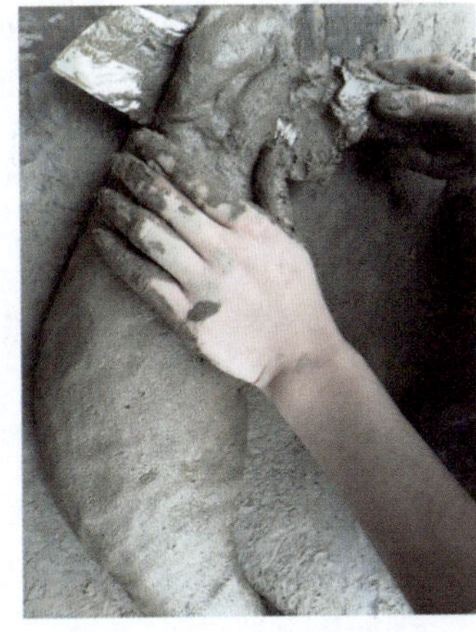
图 3-1-13

图 3-1-14

图 3-1-15

图 3-1-16

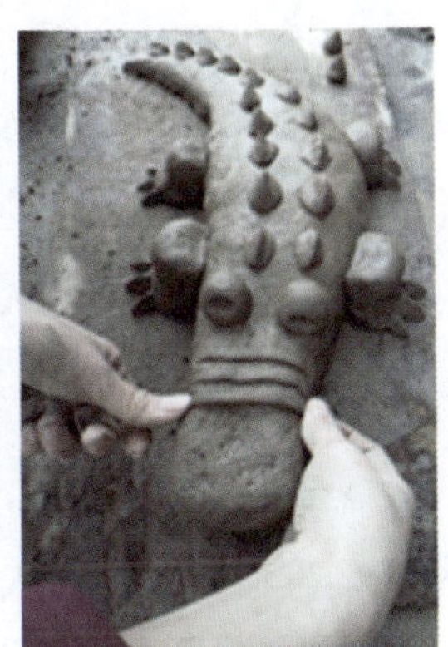
图 3-1-17

三、作品欣赏

图 3-1-18

图 3-1-19

图 3-1-20

四、思考与练习

1. 尝试运用徒手泥塑基本方法，比如捏，搓，揉等徒手捏出几种交通工具。要求：特征鲜明，造型富有儿童趣味。

2. 思考幼儿在徒手捏泥的过程中会遇到哪些问题？教师应该如何帮忙解决？

第二节　泥条盘筑造型

一、学海导航

知识与能力目标

通过学习使学生初步掌握搓泥条塑型的基本方法与知识。

过程与方法目标

使学生掌握泥条盘筑的方法，制作出立体的泥工造型。

情感、态度、价值观目标

学会欣赏泥条盘筑的泥工作品，感受泥条盘筑的乐趣。

一、基础知识

盘条成型法又称泥条盘筑法，是最古老的一种成型手段。盘条成型是将泥料搓成均匀圆条，再根据所需形体造型一层一层叠加或用一根长泥条做螺旋形向上盘旋筑做成型。泥条盘筑是一种比较简单易学的方法，适合于制作各种造型的作品。

（一）泥条盘筑的特点

泥条盘筑具有质朴、灵活、装饰性强的特点。我们远古的祖先就用泥条盘筑的方法创造出了大量复杂、精美的器皿。它既可以做小件的东西，也可以做很大的作品，对于人物、动植物等，其着眼点应在于表现泥条的纹路之美上，尽量保留各种形态的泥条。（图 3-2-1、图 3-2-2）

图 3-2-1

图 3-2-2

（二）泥条盘筑的基本技法

泥条盘筑具体是指制作陶器器皿的一种方法，是指在一个平坦的黏土条逐渐向上盘绕的方法。

泥条盘筑的方法不仅适用于制作各种器皿，也可以灵活运用于我们的幼儿手工活动课中，能制作出许多形态各异、生动有趣的作品。

泥条盘筑的方式非常灵活，只要大家能够多加思考，结合幼儿心理特点，还可以将泥条盘筑的方式运用于制作各种平面与立体造型中去。

二、案例分析

活动名称：陶罐

（1）活动描述

泥土是乡村随处可见的材料，小朋友都喜欢玩泥巴，让我们使用泥条来制作一个自己喜欢的陶罐吧！

（二）活动准备

泥土、泥工板、泥塑刀、湿布等。

（三）活动过程

1. 用一块制备好的泥，搓圆、压泥、捏扁、作为底部。（图 3-2-3）

2. 把一块黏土搓成长条，放在桌上，双手掌朝下，以指头部分压泥，做前后滚动，使之成为细长泥条。条泥的粗细，根据作品需要而定。（图 3-2-4）

3. 把做好的陶罐底部外围边上擦伤泥浆，把泥条依次往上圈，一般圈三周就压紧一次，并把内部搓平整。（图 3-2-5）

图 3-2-3

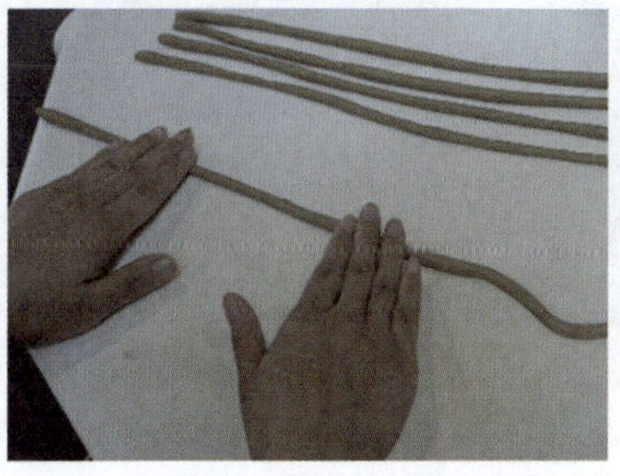
图 3-2-4

图 3-2-5

4. 搓平里部时，另一只手要在外部顶着，以防变形。（图 3-2-6）

5. 完成的作品。（图 3-2-7）

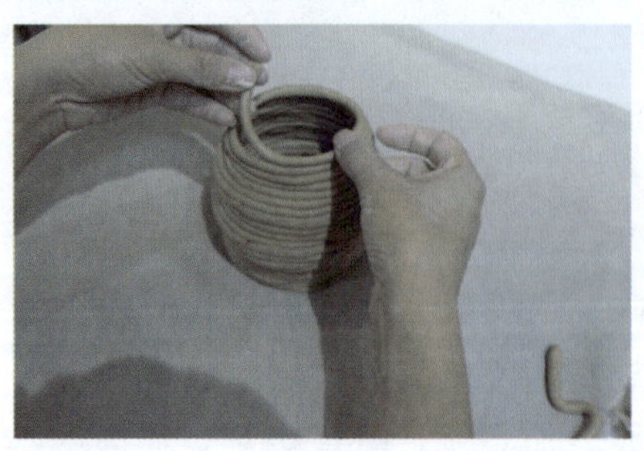

图 3-2-6

图 3-2-7

活动名称：鸡妈妈

（1）活动描述

泥条盘筑是一种陶器成型的原始方法，学生可以根据自己的想法做成自己喜欢的造型。

（2）活动准备

泥团、牙签、泥工刀等。

（3）训练能力

1. 训练学生们的动手能力。

2. 根据自己的想象做泥条盘筑造型的能力。

（四）活动过程

1. 准备做泥条盘筑造型的材料与工具。

2. 取一块泥团做成一个圆形的底，将泥条揉搓均匀备用。（图 3-2-8）

3. 开始在做好的底上盘泥条。（图 3-2-9、图 3-2-10）

图 3-2-8

图 3-2-9

图 3-2-10

4. 再盘几层，用工具将其里外修饰抹平。（图 3-2-11）

5. 开始做鸡喙，鸡冠，翅膀和尾巴。（尾巴可捏好后利用牙签固定）（图 3-2-12、图 3-2-13）

6. 将做好的各个部件拼好 ，等待阴干。（图 3-2-14）

图 3-2-11

图 3-2-12

图 3-2-13

图 3-2-14

三、作品欣赏

图 3-2-15

图 3-2-16

图 3-2-17

图 3-2-18

四、思考与练习

1. 运用泥条盘筑的方式制作一个具有装饰美感的花瓶。
2. 谈一谈可以运用泥条盘筑的方式表现哪些适合幼儿欣赏和操作的泥工作品？

第三节　泥板造型

一、学海导航

知识与能力目标

了解泥板造型的特点和各种造型方面的知识。

过程与方法目标

通过学习使学生初步掌握泥板压制、切割、造型的基本方法。

情感、态度、价值观目标

学会欣赏泥板造型的泥工作品，增强对泥工的学习兴趣。

一、基础知识

泥板造型利用陶土碾成、拍成、切成或割成板状，去镶控制作器物，是泥塑造型的另一种技法。这种方法在陶艺制作中运用广泛，变化丰富。(图 3-3-1)

3-3-1

(一) 泥板造型的特点

它最适合制作一些平板的平面和立面造型。用这种方法制作的作品比较刚性，有力度。如果采用比较柔软的泥，制成泥板后，也可以把它像布一样来定型。

(二) 泥板造型的基本技法

泥板成的器物可随陶土的湿度来加工。比较湿软的泥板可以用扭曲、卷等方法进行自由变化，随意造型；稍干的泥板可以粘制作成比较挺直的器物。

1. 滚压法，这种方法适于制作较大面积的泥板。先在陶土下垫一块布，然后用手掌将陶土压扁，再在土的两端各放置一根和所需泥板厚度等厚的木条，接着用擀面棍

进行前后滚压，直到压成和木条厚度相同为止。

2. 拍打法，它是制作紫砂壶常用的方法。先将粘土放在你板上，用泥拍的背部从粘土的中间向四周拍打，再用泥拍的正面斜下方用力去均匀有序拍打成所需厚度。

二、案例分析

活动名称：泥水杯

（一）活动描述

水杯是我们日常生活中经常用到的物品，运用泥板造型的方式可以制作既美观大方又实用水杯，同学们，和老师一起来做一款漂亮的水杯送给自己的朋友吧！

（二）活动过程

1. 用一块预备好的泥，撮圆压扁擀平。（图 3-3-2）
2. 在擀平的泥片上裁切一个圆作为杯底。（图 3-3-3）
3. 以同样的方法再擀一块泥片，裁切出杯身所需尺寸。（图 3-3-4）

图 3-3-2

图 3-3-3

图 3-3-4

4. 将杯底边缘划些小线，涂上泥浆。（图 3-3-5）
5. 把杯身泥片围成圆粘接，压在杯底片上按牢。搓一根大小合适的泥条，弯塑成杯把，将两头固定在杯身上。（图 3-3-6）
6. 制作杯垫，水杯制作完成。（图 3-3-7）

图 3-3-5

图 3-3-6

图 3-3-7

三、作品欣赏

图 3-3-8

图 3-3-9

图 3-3-10

四、作业拓展

运用泥板的形式创造一幅具有儿童趣味的泥工作品。

第四节　浮雕造型

一、学海导航

知识与能力目标

学生掌握浮雕作品所体现出的艺术特点。

过程与方法目标

学生通过运用雕、刻等泥塑手法制作出有艺术效果的浮雕。

情感、态度、价值观目标

学会欣赏浮雕造型的泥工作品，增强对泥工的学习兴趣。

二、基础知识

浮雕是介于平面和立体之间的一种雕塑形式，是在平面上雕塑出凸起的形象。（图 3-4-1）

图 3-4-1

（一）浮雕造型的特点

浮雕的表现方法主要是将立体的空间层次压缩，以凹凸的深浅层次以及光线照射下的明暗进行艺术表现。

（二）浮雕造型的基本技法

就浮雕的艺术表现技法而言，有浅浮雕（也称平雕）、深雕（又叫半圆雕）和镂空雕（透雕）是浮雕中的三大技法。

二、案例分析

活动名称：小兔子

（一）活动准备

八成干的泥板、针、小刀、铲子、刻刀、绳子等。

（二）活动过程

1. 在稿纸上画出一只兔子的外形，并剪下来（适合泥板大小）。(图 3-4-2)

2. 做一块泥板（八成干），将稿子复在泥板上，用小刀划出轮廓线（可用针沿轮廓扎洞）。(图 3-4-3、图 3-4-4)

3. 用刀铲去轮廓外的多余部分（应注意深度均匀），并刻出头与颈、左右腿、腿与身之间的进深感。(图 3-4-5)

图 3-4-2

图 3-4-3

图 3-4-4

4. 为了突出形象，需将背景部分刻成条纹或点状，以造成一定的对比效果。(图 3-4-6)

5. 最后可以给兔子上色，在背部挖洞两个，放入两个绳头，再用泥封死作挂绳。(图 3-4-7)

图 3-4-5

图 3-4-6

图 3-4-7

活动名称：你和她的星空

（一）活动描述

石塑粘土类似泥塑材料，用砂纸打磨后的也适合表现可爱的动物各种人物。

（二）活动过程

1. 在纸上画出模型。(图 3-4-8)

2. 用泥捏捏出头的大体形状，前面捏出脸部与头发的形体轮廓和身体部位，搓条的方式捏制背景的海草，用工具修正造型和细节。(图 3-4-9)

图 3-4-8

图 3-4-9

3. 将泥晒干后，用磨砂纸打磨光滑。（图 3-4-10）

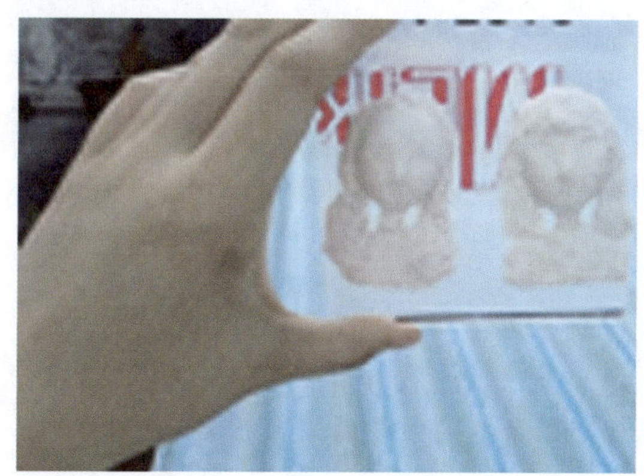

图 3-4-10

4. 用颜料涂画相应部位的色调以及背景。进一步描绘细节，调整完成。（图 3-4-11）

5. 涂上亮油，装进相框。（图 3-4-12）

图 3-4-11

图 3-4-12

三、作品欣赏

图 3-4-13

图 3-4-14

图 3-4-15

图 3-4-16

四、作业拓展

运用浮雕的形式创造一幅具有儿童趣味的泥工作品。

第五节　圆雕造型

一、学海导航

知识与能力目标

掌握圆雕的基本概念，领悟不同组合的圆雕作品所产生的艺术特点。

过程与方法目标

学生通过用徒手捏、雕、刻等泥塑手法，制作出立体的圆雕泥塑作品。

情感、态度、价值观目标

学会欣赏圆雕造型的泥工作品，感受不同风格的圆雕作品带来的不同艺术熏陶，增强对泥工的学习兴趣。

一、基础知识

圆雕又称立体雕，是指非压缩的，可以多方位、多角度欣赏的三维立体雕塑。圆雕按其功能，大致还可以分为纪念性圆雕、主题性圆雕、装饰性圆雕、功能性圆雕以及陈列性圆雕。

在表现既有人物又有背景的图案时，常用圆雕技法表现图案中的主要形象，使用浮雕、线刻等技法表现次要形象，作为衬底，这种技法也叫作“半圆雕技法”。

（一）圆雕造型的特点

在圆雕的塑造中表现要概括、完整，突出形象的意味和象征性、表现性和趣味性。重心要稳定，要从作品的前后、左右、上下不同的角度去观察，注意造型的立体性。（图 3-5-1、图 3-5-2）

图 3-5-1

图 3-5-2

（二）圆雕的基本技法

它要求雕刻者从前、后、左、右、上、中、下全方位进行雕刻。由于圆雕作品极富立体感，生动、逼真、传神，所以圆雕对材料的选择要求比较严格，从长宽到厚薄都必须具备与实物相适当的比例，然后雕师们才按比例“打坯”。“打坯”是圆雕中的第一道程序，也是一个重要环节。“打坯”的目的是确保雕品的各个部件能符合严格的比例要求，然后再动刀雕刻出生动传神的作品。圆雕一般从前方位“开雕”，同时要求特别注意作品的各个角度和方位的统一、和谐与融合，只有这样，圆雕作品才经得起观赏者全方位的“透视”。

二、案例分析

活动名称：小泥人

（1）活动描述

泥人是一种传统的手工艺制作，强调形神兼备，抓住人物的动态进行适度的夸张表现。

（二）活动过程

1. 上大泥，根据作品的造型特征，将黏土搓出圆柱体或球体。（如作品较大，泥一定要和骨架抓实，不然作品很容易倒塌）（图 3-5-3）

2. 塑造大体形象，使泥的团块尽量接近形象的外形。不要急于刻画形象的局部细节，要学会从整体、结构、体积等角度去塑造。（图 3-5-4）

3. 用“加法”或“减法”塑造形象的局部特征。要做到局部服从整体和先大后小的原则。（图 3-5-5）

图 3-5-3

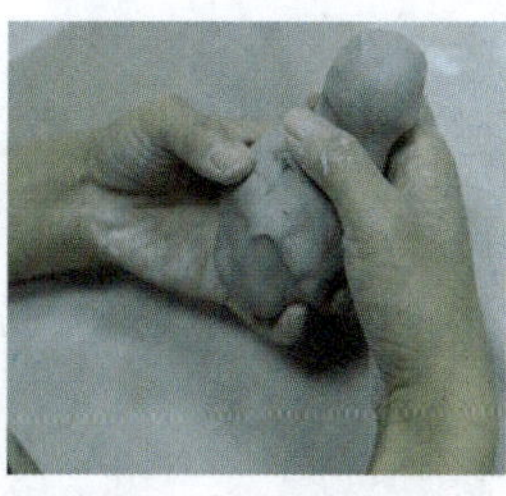
图 3-5-4

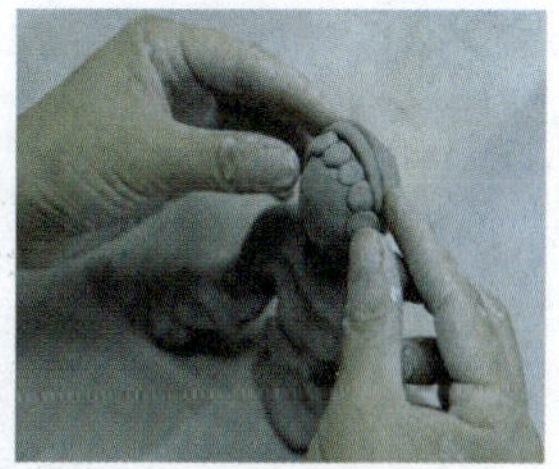
图 3-5-5

4. 对作品进行最后的调整。要做到大体形象突出，局部形象生动。（图 3-5-6）

5. 要养成向后退一点从四面检查的习惯，分析哪些需要强调，哪些需要减弱，使作品更具完整性。（图 3-5-7）

6. 作品完成后，可以根据不同的对象及制作方法，模仿不同材质的效果。（这一步要待作品阴干着色）（图 3-5-8）

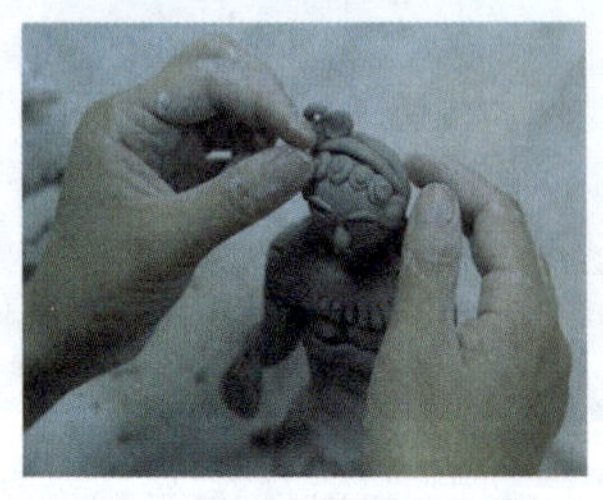
图 3-5-6

图 3-5-7

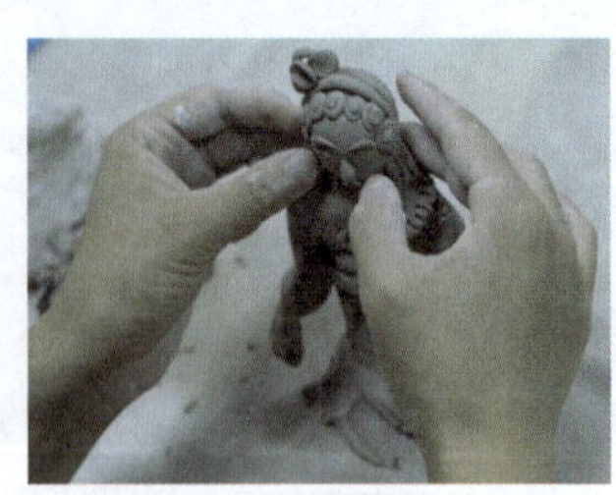
图 3-5-8

活动名称：抱南瓜的农民伯伯

（一）活动描述

农民伯伯抱着大大的南瓜，通过农民伯伯快乐的表情可以让学生可以体验到丰收的快乐。

（二）活动准备

泥巴、水、牙签、泥工刀、泥工板、湿布等。

（三）训练能力

1. 培养观察力和发现美的眼睛。
2. 提高学生们的动手能力、想象能力和耐心。

（四）活动过程

1. 选粘性较好的黄土，去除杂质，和泥到不粘手即可。（图 3-5-9）
2. 借助牙签捏出南瓜的形状。（图 3-5-10）
3. 捏出农民伯伯的头，刻画五官。（图 3-5-11）

图 3-5-9

图 3-5-10

图 3-5-11

图 3-5-12

4. 继续捏出手、身子、腿和鞋子等部件。（图 3-5-12 到图 3-5-14）
5. 拼接组合完工。（图 3-5-15、图 3-5-16）

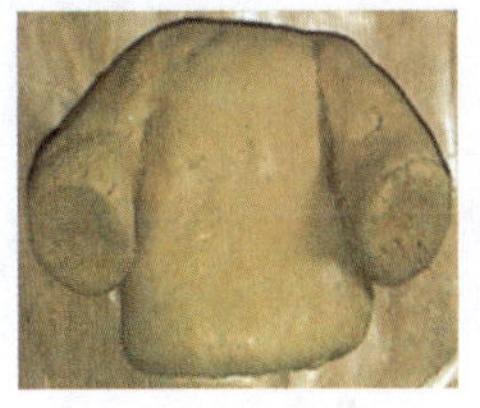
图 3-5-13

图 3-5-14

图 3-5-15

图 3-5-16

三、作品欣赏

图 3-5-17

图 3-5-18

图 3-5-19

四、作业拓展

熟练运用圆雕的方式制作一件人物或者动物的泥塑作品。

第六节　彩塑造型

一、学海导航

知识与能力目标

了解不同形式的彩塑作品所产生的艺术特点。

过程与方法目标

学生运用徒手捏、雕、刻等泥塑手法制作出立体的泥塑作品，并运用颜色进行装饰。

情感、态度、价值观目标

学会欣赏彩色造型的泥工作品，感受不同风格的彩色作品带来的不同艺术熏陶。

一、基础知识

早在新石器时代，彩绘陶塑就产生了。彩塑，人们习惯于叫“泥人”。它是以黏土为原料，经过从里及表、从粗到细的捏塑，涂上艳丽的色彩，加工制成的民间工艺品。（图 3-6-1）

由摆放位置与使用范围可分为石窟彩塑、庙宇彩塑、陵墓彩塑及民俗彩塑。

图 3-6-1

（一）彩塑造型的特点

泥人的造型，不追求酷似对象，而是根据泥的特点，强调团实、夸张和稚气，在民间艺人中有“三分塑，七分彩”的说法，意思是彩塑造型关键在于彩绘，着色泼辣明快，对比强烈，雅俗共赏。

（二）彩塑造型的基本技法

①构思：在构思设计时，可以先用铅笔勾描草图，也可以先用泥捏出几个样子，反复比较、推敲，最后定型；

②塑形：要注意整体与局部的关系，在观察和想象的基础上，用手先捏出大的动态，要概括、简练、不要追求细节，然后用工具帮助做出手做不到的地方。

③晾干：泥坯做好后，需放在阴凉处晾干，不要在火上烤，也不可在太阳底下晒或在风大的地方吹；

④着色：彩绘以水粉色最好，水彩和中国画色也可以用。泥塑从着色部位和面积上可分为留泥（部分着色，部分留出泥本色）和全色（全部着色）。涂粉底用羊毫，勾细部用狼毫，着色一般先上后下、先主后次，先白后黑的方法。

二、案例分析

活动名称：长寿星

（一）活动描述

彩塑最适宜表现各种人物和可爱的动物。彩塑艺术强调“情、俏、稳”，也就是说表情要真切，形态要美观，置放要牢靠。

（2）活动过程

1. 先用泥捏捏出头和躯干大形，然后在头前面捏出脸部与头发的形体轮廓；身体部位在前方左右两侧捏成两条鱼形，用工具修整造型。（图 3-6-2）

2. 将泥胚阴干，全部涂成白色打底。（图 3-6-3）

3. 用颜料涂画相应部位的大色调。（图 3-6-4）

4. 进一步描绘细节，调整完成。（图 3-6-5、图 3-6-6）

图 3-6-2

图 3-6-3

图 3-6-4

图 3-6-5

图 3-6-6

活动名称：小宝

（4）活动描述

卡通人物是学生非常喜欢的题材，可通过彩塑的形式表现学生喜欢的卡通形象。

（5）活动准备

石塑粘土、颜料、铝丝、工具刀、铅笔、橡皮、打磨器（磨砂纸）、光油等。

（6）训练能力

1. 培养学生的塑造能力。

2. 依据自己的设计图完成彩塑制作的能力。

（四）活动过程

1. 按自己的构思画出设计稿。（图 3-6-7）
2. 捏出大致头型。（图 3-6-8）
3. 用铝丝对身体进行固定。（图 3-6-9）
4. 将头和身体以及配件组装到一起，烘干后打磨光滑。（图 3-6-10）
5. 分步骤认真上色。（图 3-6-11）
6. 调整并画细节，上光油完工。（图 3-6-12）

图 3-6-7

图 3-6-8

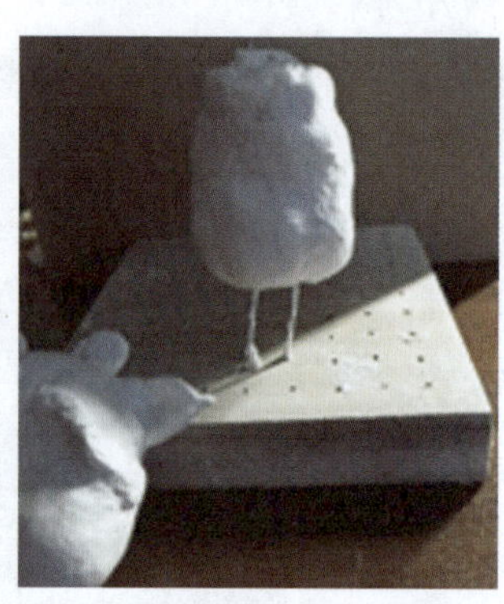

图 3-6-9

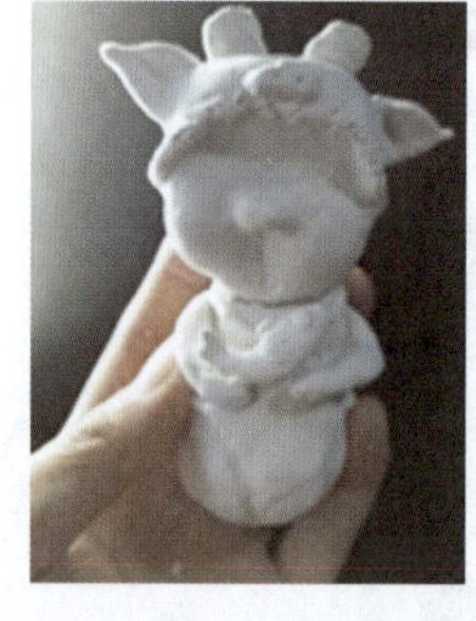

图 3-6-10

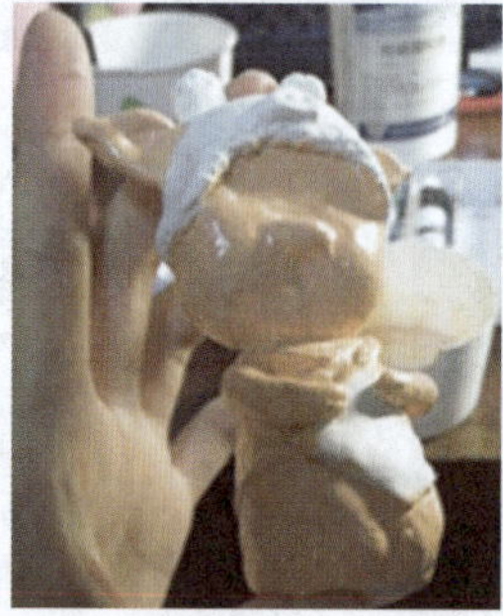

图 3-6-11

图 3-6-12

活动名称：小猴

（1）活动描述

加强学生对动手能力，提高审美能力，增强民族自豪感和爱国主义情感。从身边常见动物入手，提高学生学习兴趣。

（2）活动准备

颜料、黄泥、牙签、硬纸板、泥工板等。

（3）训练能力

增强学生自主学习意识，善于和同学交流，逐步养成与人合作的行为习惯，培养

学生的动手能力，陶冶美的情操。

（四）活动过程

1. 把黄泥和到所需要的状态，不湿不干，摸起来不沾手即可。（图 3-6-13）

2. 黄泥塑出猴子的基本形态，捏出手臂、腿等大致形状，确定好各部位的位置。再将大致形状和细节做出来。（图 3-6-14）

图 3-6-13

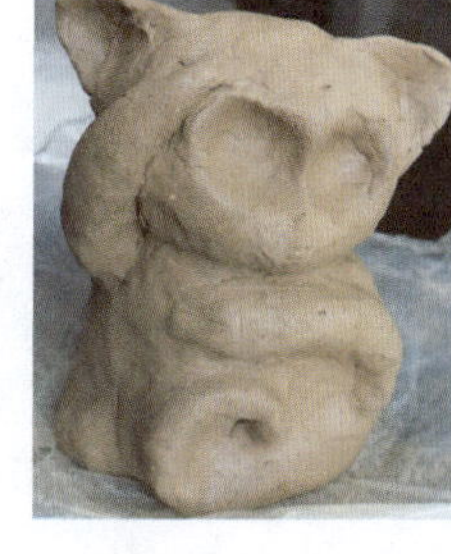
图 3-6-14

图 3-6-15

3 将已经做好新的黄泥，放到通风口处阴干。再将表面打磨光滑，并填缝，这样彩塑的“塑”就做完了。

图 3-6-16

图 3-6-17

图 3-6-18

7. 分步骤用准备好的丙烯颜料开始上色。加入一些传统文饰来装饰泥塑，使它不仅传神，更具有民间特色。（图 3-6-15 到图 3-6-18）

三、作品欣赏

图 3-6-19

图 3-6-20

图 3-6-21

图 3-6-22

四、思考与练习

熟练运用彩塑的方式制作一件人物或者动物的泥塑作品。

第七节　泥综合造型

一、学海导航

知识与能力目标

了解小泥工综合造型的特点、制作方法和作用。

过程与方法目标

学生根据需要熟练掌握泥工的各种综合技能，并学会筛选、搜集废旧物品与自然材料进行泥工的综合造型。

情感、态度、价值观目标

感受综合泥工造型的丰富的美感与艺术创作力，领悟综合泥工的自然美与艺术趣味。

一、基础知识

小型泥工除了靠本身材料以外，还可以与其它材料结合制作，如小木棍、弹簧、花布、绳子、羽毛等，这样便于丰富泥塑的表现形式，使作品更加新颖别致。(图 3-7-1)

图 3-7-1

(一) 泥与其它材料的综合运用

根据需要，可添加一些辅助材料，如做水果柄的短树枝，做人物、动物眼睛的豆

子等，取材以安全、卫生、方便为原则。

（二）不同泥材料的造型

泥塑的材料，除了通用的黏土、瓷土、紫砂土以外，还有人造的纸粘土和橡皮泥等。纸黏土本身为白色，可塑可绘。橡皮泥是油性材料，不能上色，它有多种颜色，在常温下可长时间反复使用。

二、案例分析

活动名称：小伙伴

(1) 活动描述

利用多种辅助材料和黏土结合，可以制作出更加丰富的、饶有趣味的综合材料泥塑作品。

（二）准备材料

剪刀、各色黏土、小卵石、树叶、牙签等。(图 3-7-2)

（三）活动过程

1. 用绿色黏土捏出圆球，将两端捏扁做蟹壳，搓出一端尖的两个白色小条做眼球，在粗的一段粘上黑眼珠，粘在蟹壳的头部前端；用剪刀将四根牙签的尖部剪下镶上黄色的黏土条作为螃蟹腿备用，用蓝色黏土捏出螃蟹的两只大螯。(图 3-7-3)

2. 将做好的蟹腿和蟹鳌用牙签安装在蟹壳合适的位置，用作蟹壳同样的方法用绿色黏土捏出比目鱼的身体并捏出尾巴，在身体上用黄色黏土小点做出鱼鳞，并在头部做两只眼睛。(图 3-7-4)

3. 分别用蓝绿黄三种黏土搓成一端略细的圆柱形，分别用树叶插接，或用不同颜色的小黏土条接在较细一端上，较粗一段作为底部形成水底的植物。(图 3-7-5)

4. 将做好的螃蟹、比目鱼、水底植物和卵石搭配，注意构图，组成一幅和谐的水底画面。(图 3-7-6)

图 3-7-3

图 3-7-4

图 3-7-5

图 3-7-6

图 3-7-7

活动名称：抱花瓶的小女孩

（一）活动描述

利用陶土做圆雕造型，体会空间美和造型美，能锻炼学生的创造力和想象力。

（二）活动准备

木头、胶带、陶土及陶土工具等。

（三）训练能力

1. 锻炼学生的动手能力。
2. 丰富学生的想象力。

（四）活动过程

1. 首先拿木头做出基本骨架，在用胶带固定，以免陶土下落。（图 3-7-8）
2. 将粘土在骨架上按紧拍实，塑出造型的雏形。（图 3-7-9）
3. 在基本形确定的基础上，就开始深入地刻画。（图 3-7-10）
4. 细节调整，适当加一下其他装饰材料即可完成。（图 3-7-11）

图 3-7-8

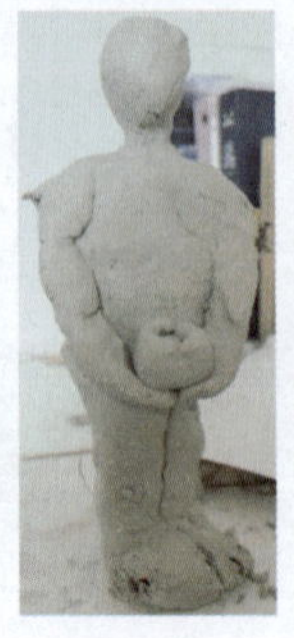
图 3-7-9

图 3-7-10

图 3-7-11

三、作品欣赏

图 3-7-12

图 3-7-13

图 3-7-14

图 3-7-15

四、思考与练习

运用各种综合材料，比如竹签、豆子、纽扣等，用超轻黏土制作一个作品。

第四章　纤维工艺造型及技法

纤维工艺集古典与现代、浪漫与沉稳、工业文明与传统手工于一体，是一门古老而年轻的艺术门类。纤维工艺具有无限开放性，运用的材料呈现出百花齐放的局面，例如，线绳、纸带、麻条、织物、竹、草蒲、藤条、金属丝等。可以说想象奇特，创意别裁，化腐朽为神奇。纤维工艺形式多样。有编织结艺、印染绣制、平面性、浮雕式的壁挂；立体性、装置性的软雕塑；环境与纤维艺术互动的陈设性纤维艺术等多个门类。

纤维工艺强调材料和技术的综合性、多重性。纤维艺术不是简单的将多种材料进行堆砌，而是利用材料的某一特性，改变其外部特征并赋予新的形式和内涵，使其产生新的视觉效果，给人以美的享受。一定的材料适于一定的造型，如果用材不当，哪怕艺术形象再好，也会觉得别扭。所以，我们只能从实际出发加以选择、利用、发挥材料与特定造型相适应的质地特性和表现力，因材施艺，增强其审美价值。

利用生活中的线材，如棉线、毛线、麻绳、金属线等，经过排列、弯曲等方式可构成富有韵味的作品。

第一节　结艺造型

一、学海导航

知识与能力目标

了解结艺造型的基本知识，如特点、使用工具等。

过程与方法目标

通过编织作品去掌握结艺造型的基本技能。

情感、态度、价值观目标

培养学生观察能力以及动手操作能力，激发学习兴趣。

一、基础知识

中国绳结艺术，以其丰富的造型、绚丽的色彩、深厚的文化底蕴，成为我国民俗工艺中的一枝奇葩。

（一）结艺造型的特点

结艺的用途及其广泛，它所具有的实用性和装饰性逐步被人们认识、开发和利用。结艺种类很多，例如：生活用结、商业用结、生产用结、航运用结、消防用结、农牧业用结等，你或许没有太在意它，但结艺却时刻存在于我们的生活中，帮助、美化我

们的生活。（图 4-1-1、图 4-1-2）

图 4-1-1

图 4-1-2

（二）结艺造型的基本技法

编结的工具很简单，一般准备一把小剪子、一把小镊子，图钉或大头针若干，主要是用来固定线路。另外要根据编结物的需要，选择合适的棍棒，固定在墙上进行，或用泡沫垫板在下面进行。

1. 生活用结——装饰结

①捆扎结：随着社会文明及物质生活的提高，人们送礼的名目繁多，精美的礼品包装，不仅能营造气氛、传情达意，而且还可收牡丹绿叶之效。如果你能自己动手的话，自行设计的礼品包装，定能令对方喜上眉梢，欣然接受。（图 4-1-3 到图 4-1-5）

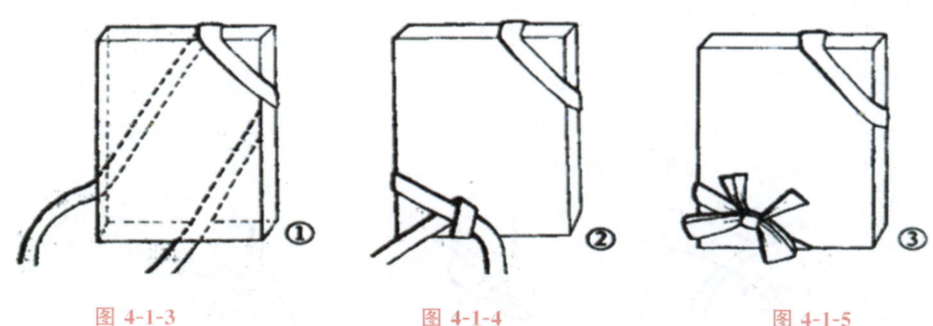

图 4-1-3　　图 4-1-4　　图 4-1-5

②盘长结：因结形曲绕，有如“盘肠”而得名，结形可大可小。按步骤进行编织（图 4-1-6 到图 4-1-10）

图 4-1-6　　图 4-1-7　　图 4-1-8　　图 4-1-9　　图 4-1-10

2. 生活用结——套结游结

此结绳头交叉于结身中间，有较大的负荷力。(图 4-1-11 到图 4-1-12)

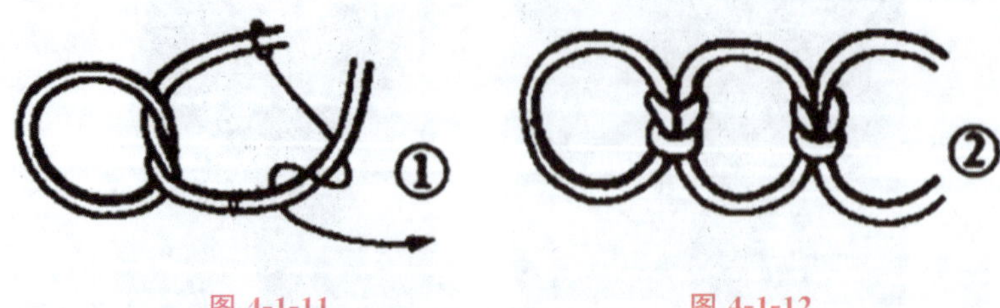

图 4-1-11　　图 4-1-12

3. 商业用结——酒瓶结（图 4-1-13 到图 4-1-16）

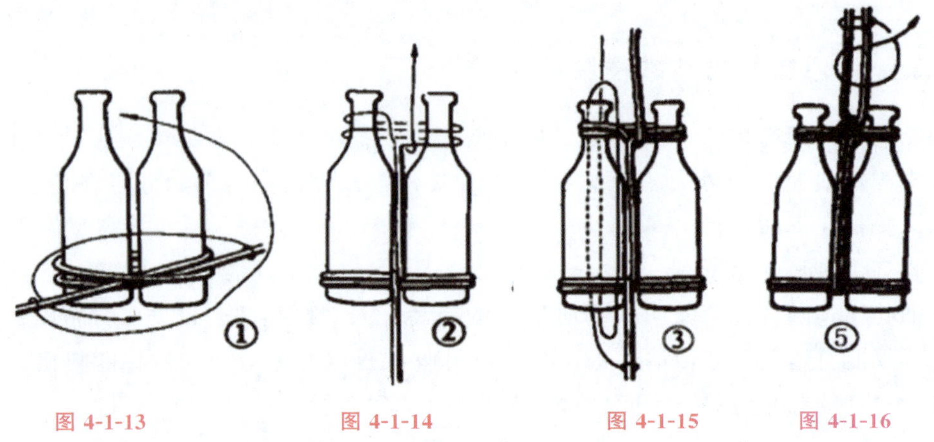

图 4-1-13　　图 4-1-14　　图 4-1-15　　图 4-1-16

4. 消防自救结——急救结

此结是绳结的一种，在紧急情况下临时结成。如用较细软和丝质材料制作，也可编成各式各样的装饰物。(图 4-1-17 到图 4-1-19)

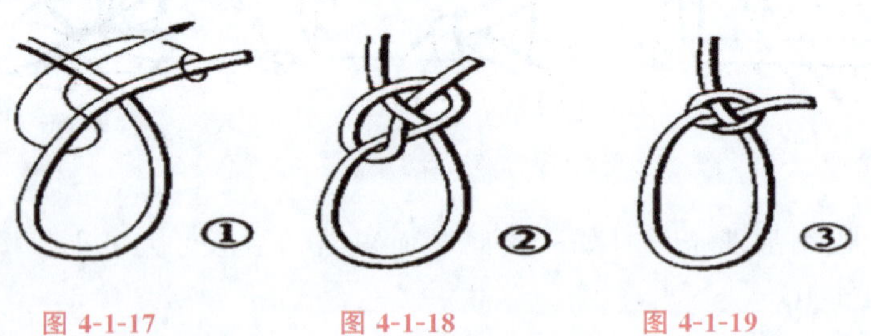

图 4-1-17　　图 4-1-18　　图 4-1-19

二、案例分析

活动名称：绣球结

（一）活动描述

中国结属于中国传统手工艺术的一种，学生学会编织中国结，让学生了解中国然后传统民族艺术文化，和培养他们的爱国情怀。

（二）活动准备

一根2米长五号编织线 、定珠针、泡沫垫板 、镊子、　剪刀、打火机等。

（三）训练能力

1. 训练学习者的手指灵活能力。
2. 培养学习者的审美能力。
3. 增强学习者的意志能力。

（四）活动过程

1. 拿出线对折，按步骤学会三耳酢浆草结的编织方法。（图4-1-20到图4-1-23）

图 4-1-20

图 4-1-21

图 4-1-22

2. 在浆草结的左右按相同的方法各编一个酢浆草结，注意其外耳需相连。（图4-1-24、图4-1-25）

图 4-1-23

图 4-1-24

图 4-1-25

3. 以编好的三个酢浆草结为耳翼，中间再编一个大的酢浆草结。（图 4-1-26）

4. 将左右两根线穿入最下方的两个耳翼中。（图 4-1-27）

5. 最后再编一个酢浆草结使得所有结的耳翼相连，进行调整，直至绣球结完成。（图 4-1-28）

图 4-1-26

图 4-1-27

图 4-1-28

活动名称：龟背结编杯垫

（一）活动描述

绳子是生活中最常见的东西，可利用一些好看的绳子来进行编织造型，制作好的作品用作饰品装饰生活。

（二）活动准备

一根足够长的绳子、剪刀、打火机、一双小巧的手。

（三）训练能力

动手操作的灵活能力。

（四）活动过程

1. 用绳子摆放成一个环，一端留在左侧。在我们完成杯垫之前，不会动那个短端，而是将始终使用长的那部分。（图 4-1-29）

2. 将长端绳子的末端插入环的第一根绳子，从下面穿过，现在你已经在右下方做成了另一个环。将绳子的末端穿过右上方的绳索。（图 4-1-30）

3. 将绳子的末端穿过环的下一侧下方。我们正在制作结的基本形状。注意这个过程中不要挤压结，并尽量使绳子之间的所有空间尽可能均匀。（图 4-1-31）

4. 将绳子的末端插入我们开始做的环，正好是短端的位置。（图 4-1-32）

图 4-1-30

图 4-1-31

图 4-1-32

图 4-1-33

5. 基本的形状已经出来了，你只需重复我们在前一轮的绳索之后所做的步骤。（图 4-1-33）

6. 再次沿着整条绳索，将新轮的绳索放在里面。第二轮绳索完成。重复另一轮以填满中间的结。完成 2—3 轮后，将剩余的绳子隐藏在后部。在反面，将绳子两端打结并切割齐平。您可以添加一滴织物胶，以确保它不会移动。（图 4-1-34）

7. 杯垫的成品就出来了。（图 4-1-35、图 4-1-36）

图 4-1-34

图 4-1-35

图 4-1-36

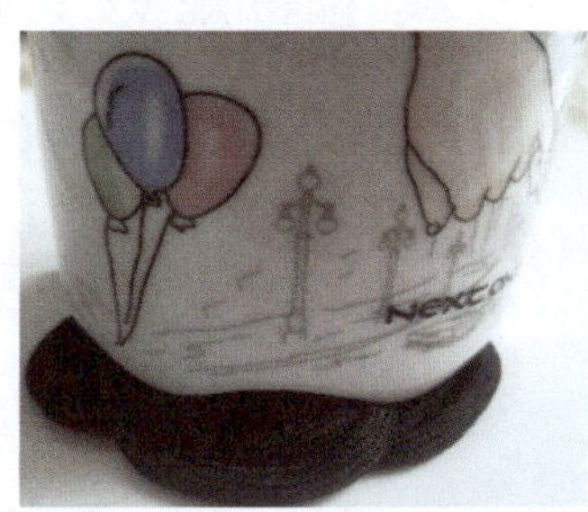
图 4-1-37

三、作品欣赏

图 4-1-38

图 4-1-39

图 4-1-40

图 4-1-41

四、练习与思考

送给朋友一个包装好的小礼盒。

第二节　编织造型

一、学海导航

知识与能力目标

了解编织造型的基本知识，如特点、使用工具等。

过程与方法目标

通过练习，掌握编织的基本技能。

情感、态度、价值观目标

培养学生动手操作能力，激发大脑思维能力。

一、基础知识

编织是人类最古老的手工艺之一。各种颜色的毛线、绒线、丝带、缎带、竹丝、柳条等简单易用的材料，经过巧手的编织，就成了优美的装饰品。

（一）编织造型的特点

编织从字面来看，一个是“编”，一个是“织”，这是两种不同的工艺手段。编指的是编结织指的是交织，就是以经纬线按一定规律相互一上一下地交织。运用不同方法和材料形成各具特色的艺术特点，既有古朴粗犷的，也有精细典雅的，题材广泛，形象丰富。（图 4-2-1、图 4-2-2）

图 4-2-1

图 4-2-2

（二）编织造型的基本技法

图 4-2-3 是两种用禾杆或水草（以下称水草）编织成草带的基本方法。该图的情形是，先将一根水草作 90 度屈折，然后再屈折 90 度，这就成了图示的样子。另一根水

草成 60 度角穿入对折了的水草之间，然后在对折水草间往返穿插，从而织成带状。在这个场合对折的水草是始终保持不动的。图 4-2-4 的织法是两根水草相互交替编织。

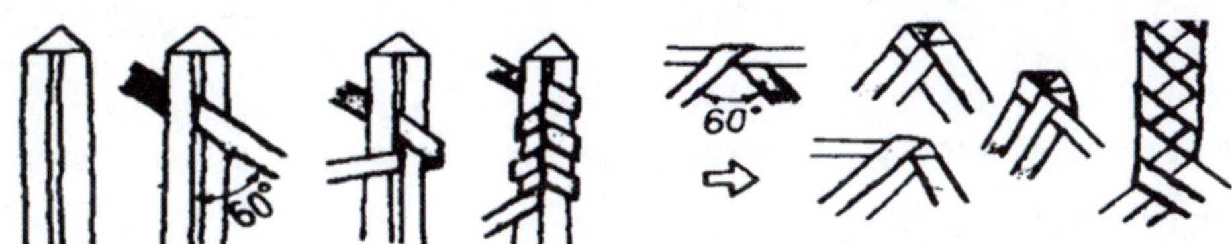

图 4-2-3　　图 4-2-4

2. 案例分析

活动名称：编织球

（一）活动描述

编织是编织工艺里比较典型的技艺，方法简单易上手，通过一些简便的编织材料进行编织制作，激发学生学习兴趣。

（二）能力训练

1. 掌握编织的基本方法。
2. 尝试更多编织造型。

（三）活动过程

1. 准备六条 40 厘米到 60 厘米编织带，五条按图摆成五角星。（图 4-2-5）
2. 其中一条绕两圈，首尾相接并固定成一个圆圈。（图 4-2-6）
3. 按如图方法，头尾交叉。（图 4-2-7、图 4-2-8）
4. 编织成一个球体。（图 4-2-9）

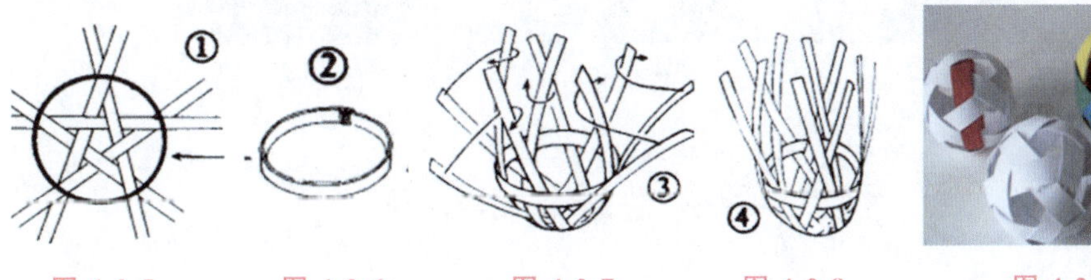

图 4-2-5　图 4-2-6　图 4-2-7　图 4-2-8　图 4-2-9

活动名称：绳编挂毯

（一）活动描述

绳编挂毯是人们喜闻乐见的一种编织工艺，它方法简单易上手，而且挂毯本身也起到了很好的装饰作用。

（二）活动过程

1. 准备一根长约 60cm 的木棍与 24 根 2m 长的棉绳。将木棍悬挂固定。（图 4-2-10）

2. 将 24 根棉绳对折固定在木棍上。而后每四根为一组打平结。（图 4-2-11）

3. 每 4 个平结为一组依次往下打 3 个、2 个、1 个平结，形成 3 个三角形。（图 4-2-12）

4. 结合斜卷结，用相同的方法，重复上一步骤，制作完成。（图 4-2-13）

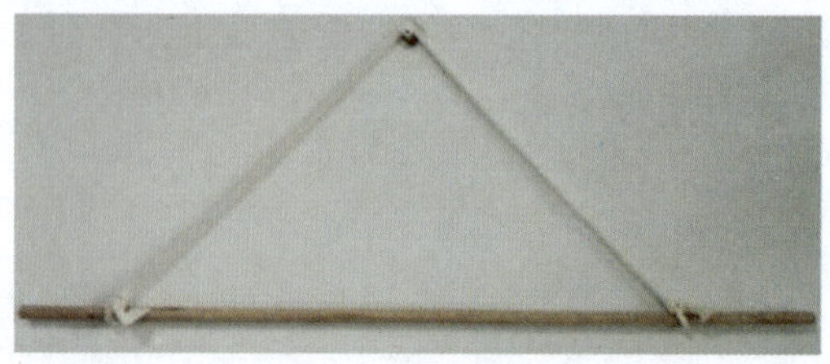

图 4-2-10

图 4-2-11

图 4-2-12

图 4-2-13

活动名称：毛线编织小花篮

（1）活动描述

家里一般都会剩一些织毛衣剩下的各色毛线，我们可以用毛线自己设计编织一个小花篮子悬挂起来当装饰品。

（二）活动准备

各色毛线、胶带、剪刀等。

（2）训练能力

1. 运用废旧毛线编织的能力。

2. 锻炼学生的耐心。

（四）活动过程

1. 准备胶带和毛线，按图摆好再用胶带固定。

2. 绕两圈然后固定方便之后绕毛线。

3. 从右往左挑压挑压挑 ，再从左往右压挑压挑，反复多次然后收紧。

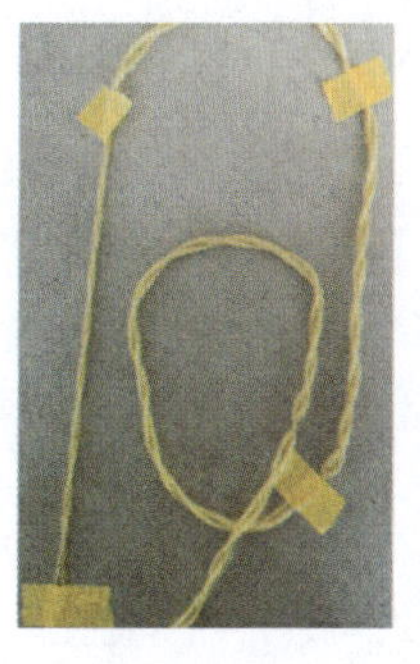
图 4-2-14

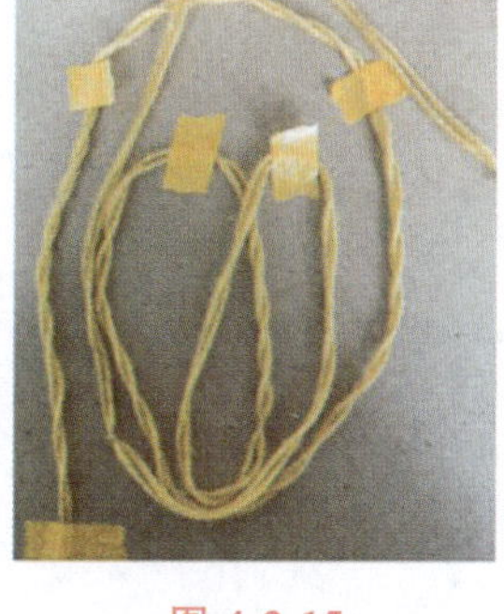
图 4-2-15

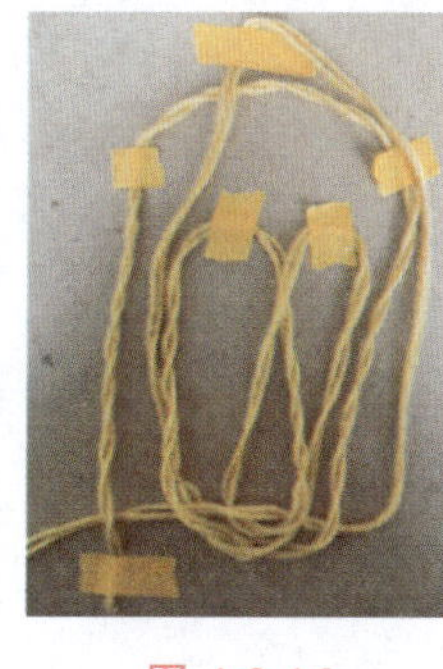
图 4-2-16

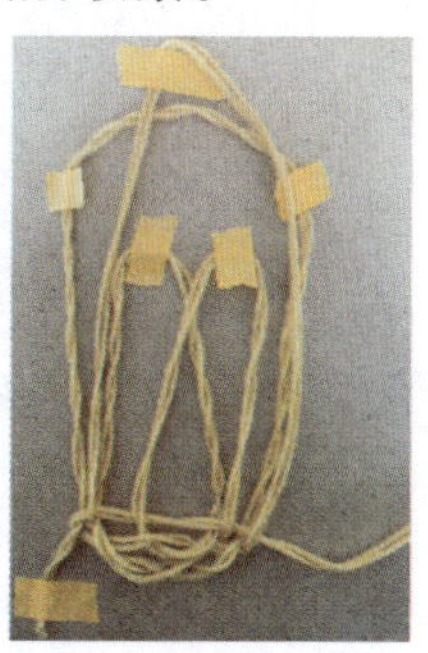
图 4-2-17

4. 篮子的柄可以以依着上述方法反复挑压。

5. 其它几个对比色的毛线绕几个花团，把成品图稍做装饰。

图 4-2-18

图 4-2-19

图 4-2-20

图 4-2-21

三、作品欣赏

图 4-2-22

图 4-2-23

图 4-2-24

四、练习与思考

用纸条或编织带，编织一件实用的物品。

第三节　刺绣造型

一、学海导航

知识与能力目标

了解刺绣的基本知识，如历史发展、基本材料、工具和方法等。

过程与方法目标

通过学习，掌握刺绣的基本方法，培养刺绣技艺。

情感、态度、价值观目标

通过参与刺绣活动的训练，提高学生学习兴趣和对传统刺绣艺术的热爱与欣赏。

一、基础知识

中国刺绣是我国传统手工技艺，在我国工艺美术史上占有十分重要的位置。近年流行起来的十字绣，其作品精致典雅而工艺又易学易懂，深受不同年龄人们的喜爱。(图 4-3-1)

图 4-3-1

（一）刺绣造型的特点

民间艺人们在长期的生活实践中，创造了大量的刺绣纹样。他们将其绣在服饰上、

日用品上，强调着迎祥纳福、辟邪除秽的永恒主题。

相比传统刺绣，纯棉的十字绣布柔而软，不用借助绣花绷便能刺绣。绣出来的工艺画不会反光，从任何角度看都富有立体感。

（二）刺绣的基本技法

刺绣类别丰富、形式多样，在此先介绍常用基本针法，其操作简单、趣味性强，运用这些基本针法，可完成一幅复杂多变、生动形象的轮廓绣作品。（图 4-3-2 到图 4-3-10）

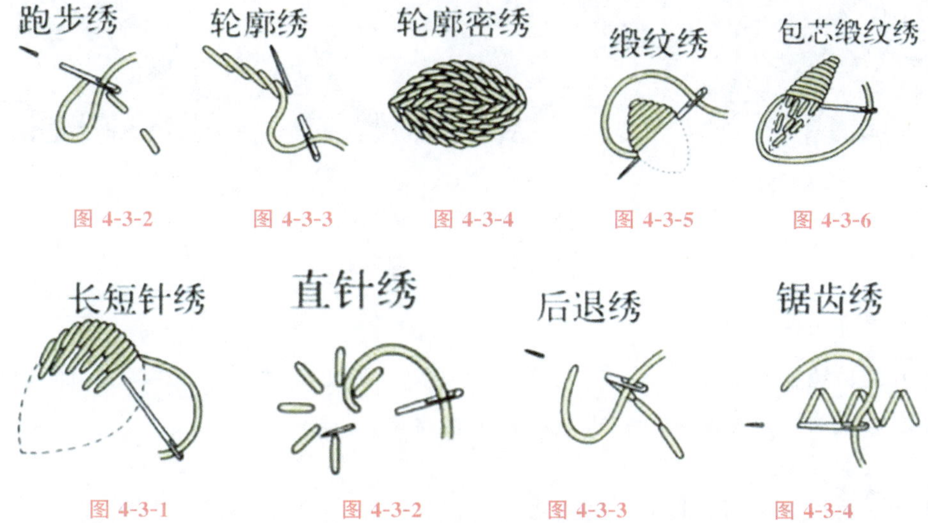

图 4-3-2　图 4-3-3　图 4-3-4　图 4-3-5　图 4-3-6

图 4-3-1　图 4-3-2　图 4-3-3　图 4-3-4

刺绣要注意同一作品的用线方向要保持一致；用双股丝线刺绣时，要防止无意中捻线，开始和结束时，线都不要打结，在背面将线头穿过，相互压住。

二、案例分析

活动名称：小狐狸

（一）活动描述

刺绣我国古老的民间手工艺，用简单的几种绣法，包括平绣、锁绣等绣一个简单的小狐狸，激发学生学习兴趣。

（二）能力训练

1. 掌握刺绣的几种基本方法。
2. 尝试将刺绣运用在更多物件上。

（三）活动过程

1. 用笔在棉布上画出需要的形象。（图 4-3-11）

2. 将绣花布紧绷在绣花绷上（绣出的作品才平整），选择适合的针法及彩线进行刺绣。(图 4-3-12)

3. 注意引线平直，但线不要拉得太紧，完成整刺绣制作过程。(图 4-3-13)

图 4-3-11

图 4-3-12

图 4-3-13

活动名称：桃花

(1) 活动描述

春天是百花盛开的季节，桃花也象征着美好幸福，也表示赞美女性，而刺绣在古代也是人们对装饰自身的需要，可以用来美化自己。

(2) 活动准备

绣针、绣线、棉布、竹绷、剪刀等。

(3) 训练能力

1. 训练学生的眼力和的耐性。

2. 学会运用多种绣法进行刺绣。

(四) 活动过程

1. 准备刺绣的材料与工具。(图 4-3-14)

2. 用竹绷将棉布固定起来 。(图 4-3-15)

3. 按选择的桃花开始构图 。(图 4-3-16)

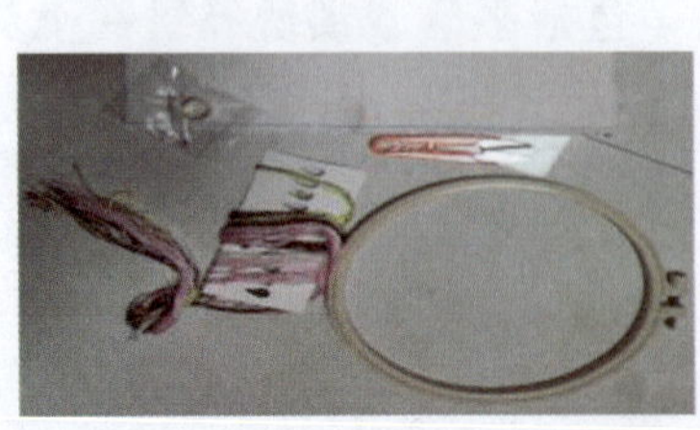

图 4-3-14

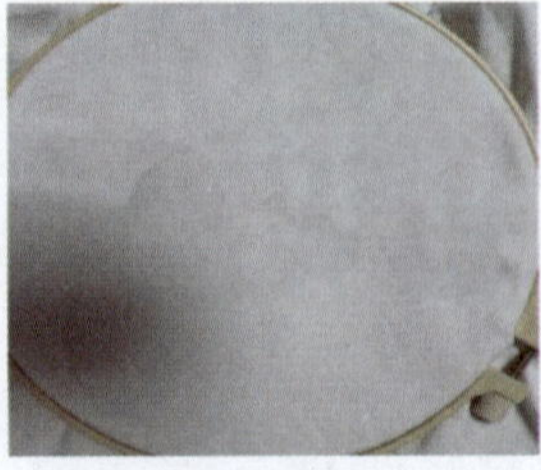

图 4-3-15

图 4-3-16

4. 运用轮廓绣法将桃花树枝用棕色绣线填充。(图 4-3-17)

5. 运用缎面绣法将桃花叶用绿色绣线填充。(图 4-3-18 到图 4-3-20)

6. 运用直线绣法将桃花花蕊用花色绣线填充。(图 4-3-21)

7. 运用长短针绣法将桃花花瓣用三种由浅到深的颜色绣线填充。(图 4-3-22)

图 4-3-17

图 4-3-18

图 4-3-19

图 4-3-20

图 4-3-21

图 4-3-22

三、作品欣赏

图 4-3-23

图 4-3-24

图 4-3-25

四、练习与思考

选择一块你喜欢的花布，制作一个花荷包。

第四节 布贴造型

一、学海导航

知识与能力目标

了解布贴画的基本知识，如布贴画的历史、基本材料、工具和基本方法等。

过程与方法目标

通过学习，掌握布贴画的基本步骤及技法。

情感、态度、价值观目标

学会利用废旧材料，创造美的形象，学会在生活中发现美。

一、基础知识

布贴画原名宫廷补绣，俗称布贴画，又叫布堆画、布贴花、布摞花，还叫拨花。它是利用布的颜色、纹理、质感，通过剪、撕、粘的方法作贴画。布贴画底子多用白色，也可用其他颜色，视所要表现的内容而定。(图 4-1-1、图 4-1-2)

图 4-1-1

图 4-1-2

（一）布贴造型的特点

布贴画不同于其它绘画，材料美是它的特点，它的造型、线条、色彩都同材料有着直接的关系，在创作中要特别注意发挥布贴的长处。该画色彩丰富鲜艳，剪贴的边线明朗整洁，富有木刻版画的刀木特点，是中国民间常见的手工艺术之一。

（二）布贴的基本技法

制作布贴画分设计与制作两步，方法与纸的剪贴方法基本相同。

1. 构图不宜太复杂，以单层次、两度空间平面处理为佳；其次，造型要删繁就简，尽量避免过多的细节；

2. 色彩的选择一方面要注意大的整体色调，切忌滥用画布。另一方面要注意画面色块布局合理使画面色彩和谐；

3. 布贴画要充分运用织物表面肌理和图案纹样。因材质不同，组织效果也不同，因此会产生不同织物表面肌理的变化和对比；

4. 在动手制作之前必须把下列工具准备好：剪刀、工具刀、铅笔、彩笔、白板纸、乳白胶，以及各色布片等。

二、案例分析

案例名称：布贴画《冬夜》

（一）活动描述

布贴方法简单易上手，只是在平常的生活中注意材料的收集，通过制作布贴画，激发学生学习兴趣。

（二）能力训练

1. 掌握布贴的基本步骤与方法；
2. 尝试更多布贴造型。

（三）活动过程

1. 设计一张草图。（图 4-1-3）
2. 根据草图的画面内容分别选择不同颜色的布，剪出不同模板的布形。（图 4-1-4）
3. 将剪好的布形按草图的画面构图进行组合。（图 4-1-5）
4. 粘贴完成画面。（图 4-1-6）
5. 布贴的方法也可以制成贺卡，别有一番情趣。

图 4-1-3

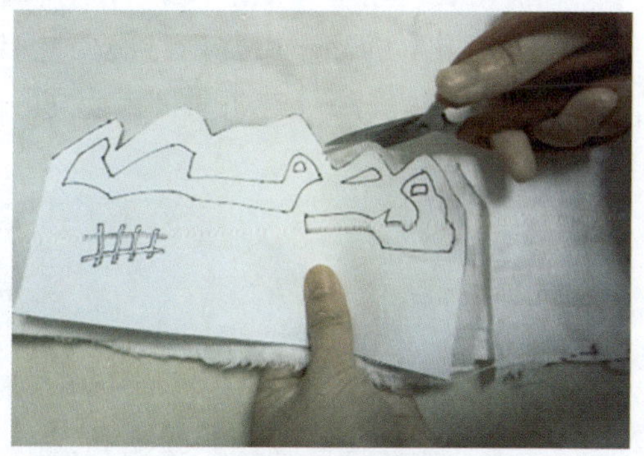

图 4-1-4

图 4-1-5

图 4-1-6

活动名称：小村庄

（一）活动描述

碎布及不要的衣裤是生活中最常见的东西，学生可利用一些好看的布来制作布贴画。

（二）活动准备

白布、各色碎布、浆糊、剪刀等。

（三）训练能力

1. 用剪刀裁布的能力。
2. 利用碎布的颜色去组织画面的构图能力。

（四）活动过程

1. 根据设计用笔在纸上及底布上将所有图都构好，形成一副画面。（图 4-1-7）

2. 先把需要的碎布用浆糊打底使它变得平整且有硬度，等布块干后再按纸上设计的形状和大小一块一块拷贝剪下来，再把它翻过来用浆糊固定在底布合适的位置上。（图 4-1-8、图 4-1-9）

图 4-1-7

图 4-1-8

3. 整理好细节，布贴画的制作就完成了。优秀的作品可以装进镜框进行展示。（图4-1-10）

图 4-1-9

图 4-1-10

三、作品欣赏

图 4-1-11

图 4-1-12

图 4-1-13

四、练习与思考

利用花布、色布的剪切余料剪贴一副以人物为主的剪贴画。

第五节　补花造型

一、学海导航

知识与能力目标

了解补花造型的基本知识。

过程与方法目标

掌握补花造型的基本制作方法。

情感、态度、价值观目标

通过练习活动，增加学生学习补花的兴趣。

一、基础知识

补花是刺绣的变种。以补带绣，用凤尾纱或其他织物大面积使用，剪成花、鸟、鱼、虫、人物、山水图案形状，补绣在布底上，用绣线在纹饰上及周围用各种针法绣制装饰点缀。将有图案的花布（或用人工绘制上去的花布）裁剪成各种形状，再将它缝嵌在另一块素色的底布上，这叫作补花或嵌花。

（一）补花造型的特点

补花属于纯手工制作的工艺品，其特点是图案造型简练，它的颜色有深有浅，制成的花朵层次分明、清新自然，装饰性很强，富有明显的立体感。把它缝制在各种不同的底布上时，犹如浮雕般微微突起，不仅给人一种视觉享受，还会让那些有闲余时间的朋友陶冶性情，体会到“手下生花”的神奇。（图 4-5-1、图 4-5-2）

图 4-5-1

图 4-5-2

（二）补花的基本技巧

1. 把画布用浆糊黏贴在布底或白纸上，用熨斗熨平及熨干；

2. 设计好图案，将图案印在花布上，剪取下来；

3. 用少量浆糊涂在花布的底面，并把它粘在底布的相应位置上，熨干或晾干；

4. 把底布架在绣花用的框架上，用线沿着花布边缘挑缝。用线的色泽也要讲究心思，挑线针法用斜针、直针或交叉针等都可；

5. 最后，用熨斗再加以熨平。

二、案例分析

活动名称：过年啦

（1）活动描述

我们可以利用家里不穿的旧衣服，通过补花的形式让学生进行废物改造，创作出艺术作品。

（2）活动准备

旧衣服、碎布、浆糊、卡纸、剪刀、线针等。

（3）训练能力

1. 碎布色彩搭配的能力；

2. 依据设计图完成补花作品制作的能力。

（四）活动过程

1. 按自己的构思画好稿子，在纸板上画出设计的图形，再把图形一块一块剪下来。（图 4-5-3、图 4-5-4）

2. 把需要用到的碎布用浆糊浆到板上变平整且有硬度。（图 4-5-5）

3. 按图形去裁剪相应的布块。（图 4-5-6）

4. 用线沿着花布边缘挑缝，对每一块成型的布块边缘利用针线进行绣合装饰。（图 4-5-7、图 4-5-8）

5. 把每一块布型绣合到相应的位置，用熨斗加以熨平整，补花作品完成。（图 4-5-9）

图 4-5-3

图 4-5-4

图 4-5-5

图 4-5-6

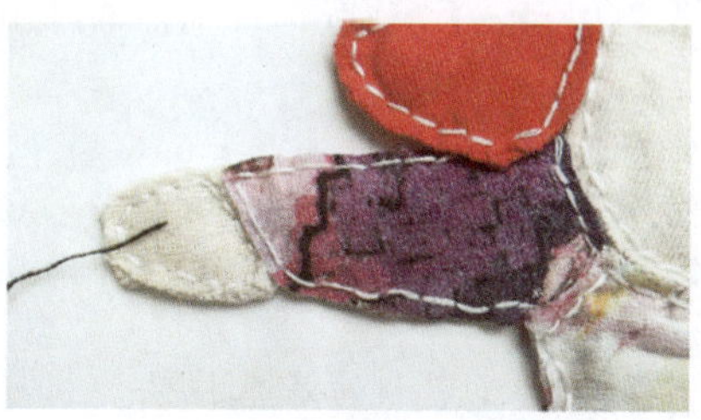

图 4-5-7

图 4-5-8

图 4-5-9

三、作品欣赏

图 4-5-10

图 4-5-11

图 4-5-12

四、练习与思考

用补花的形式制作一张贺卡送给朋友。

第六节　染缬造型

一、学海导航

知识与能力目标

了解染缬造型的基本知识，如染缬的特点、基本技法、工具材料的运用等。

过程与方法目标

通过学习，掌握染缬的基本技法。

情感、态度、价值观目标

通过染缬练习活动，增加学生学习的兴趣。

一、基础知识

染缬在我国已有两千多年的历史，古代称“蜡缬”“绞缬”。染缬造型是指各色印花工艺及其成品，对于生活在现代工业化环境中的人们来说，手工印染制品有一种异样吸引力，这种染花法染出的花格调丰富柔和，是一般现代印花技术无法实现的。(图 4-6-1)

图 4-6-1

（一）染缬造型的特点

染缬是我国历目前有名的三大印染工艺，题材多样，形象生动，线条粗犷，构图饱满，已经淳朴，具有浓郁的生活气息和鲜明的民族特色。

（二）染缬的基本类型

染缬从工艺上粗分，有绞缬、蜡缬、夹缬、灰缬四种基本类型，这里主要介绍一下蜡染造型。

蜡染一般宜选用棉、麻等的天然纤维织物为主，机织的全棉白布尤佳，还要准备铜刀、石蜡、染料、固色剂、染锅等材料。

二、案例分析

活动名称：蜡染苗女

（1）活动描述

扎染是染缬工艺里较为简单的一种技艺，但其自然形成的肌理效果异常美观，通过本课学习，激发学生创作扎染作品的兴趣。

（2）能力训练

1. 掌握蜡染的基本方法。

2. 尝试更多蜡染造型。

（三）活动过程

1. 用铅笔在待染白布上画好底稿，也可以按照剪纸花样确定大的轮廓，再添画画出各种图案花纹。（图 4-6-2）

2. 用色笔把稿子的细节分清楚，确定点蜡的部位。（图 4-6-3）

3. 把白布平贴于桌子上，把石蜡加热到 60 度以上融化，然后用铜刀蘸蜡，按照白布上的图案进行着蜡（着蜡时必须透过画布）。（图 4-6-4）

图 4-6-2

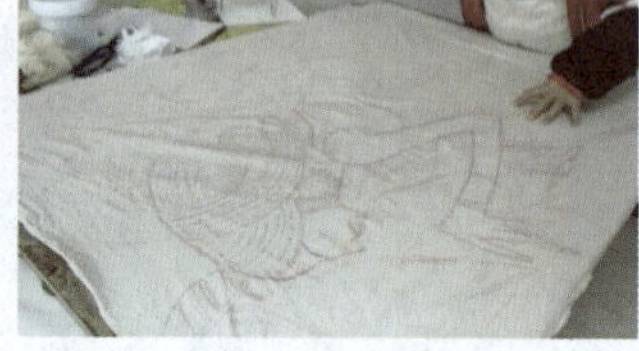
图 4-6-3

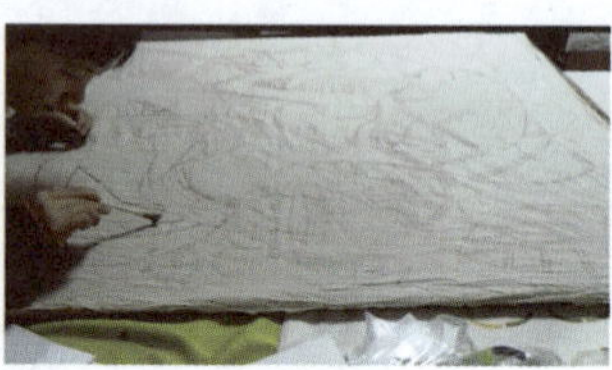
图 4-6-4

4. 用蜡细致作画，直到确认前面确定的点蜡部位全部着蜡完成。（图 4-6-5）

5. 将完成的着蜡的作品放进靛蓝染缸，一般浸泡 5—6 天。第一天浸泡后晾干，颜色较浅，以后每次浸泡，色彩都会逐渐加深。如需深浅两种颜色，可在第一天晾干后在需保留浅色效果的部位再进行点蜡，然后再放进染缸染色。（图 4-6-6）

6. 先用冷水洗去浮色，然后将布浸入水中煮沸，布上会出现蓝白相间的“冰纹”。用电熨斗除去余蜡完成。（图 4-6-7）

图 4-6-5

图 4-6-6

图 4-6-7

三、作品欣赏

图 4-6-8

图 4-6-9

图 4-6-10

四、练习与思考

掌握扎染的基本方法，自己来扎染一块图案。

第五章　拓印工艺造型及技法

拓印工艺即版画，是通过画、刻、印等手段且利用纸、胶、石、木、金属和丝网等材料制作完成艺术表现的图画，是绘画和印刷相结合产生的一种艺术形式。版画源于印刷术，我国是世界公认的版画起源国，公元868年的《金刚经扉页画》（图5－1）被认为是世界上现存最早且保存的最完好的版画作品。版画的种类非常的多，依据制作材料可以分为纸版、木版、石版、铜版、丝网版以及石膏版、电脑制版等。依据印刷方式可以分为凸印、凹印、平印、漏印等。依据颜色可以分为单色和多色。依据印刷的份数可以分为独幅和多幅。除去空气和水，任何材料都可以通过一定的方法进行拓印。

图 5-1

拓印工艺的特点具有一定的特殊性，具体表现为它是一种间接性绘画，是一种用笔无法描摹取代，需经很多刻印制作印刷而产生出特殊痕迹、特殊肌理的绘画形式。画面构图布局简洁、概括，对画面有高度的提炼和综合。

本章从实物拓印造型，纸版画拓印，木版画拓印，丝网版画漏印，对印拓印等方面进行拓印工艺的学习。

第一节　实物拓印造型

一、学海导航

知识与能力目标

了解拓印的基本知识，如拓印基本材料、工具的选择和基本造型等。

过程与方法目标

掌握实物拓印的基本技法。

情感、态度、价值观目标

通过压印、拓印、按印等活动，增加学生学习拓印的兴趣。

一、基础知识

实物拓印是既简单又容易掌握的幼儿美术活动，可以引导幼儿拓印影像和进行合适的添画，帮助幼儿实现亲手作画的“梦想”。

（一）实物拓印造型的特点

我们要善于用美的眼光去观察、去发现生活中可供拓印的实物，如树叶、树皮、细树枝、蔬菜、线绳、布料、编织物、粗纹纸、纱网、砂纸、鱼骨、梳子等。这些实物经过加工处理用来造型，能产生丰富的肌理变化并取得妙趣横生的特殊效果。

（二）实物拓印的工具材料

各种实物、笔墨、各色卡纸、宣纸等。

（三）实物拓印的基本技法

由于各种实物的形状大小不一，材料质地厚薄不同，凹凸起伏较大，应根据情况采用不同的方法印刷。常用的方法有压印法、拓印法、按印法。

1. 压印法

在实物版上用墨均匀地着上油墨；把白纸平整铺放在实物版上；用洁净的另一只滚筒或马莲擦子、拓包、瓶盖、毛巾及手掌等均匀用力擦压印纸，使油墨转印于纸上；轻轻掀开印纸的一角检查墨色是否印黑，如不够可再补滚油墨继续压印，达到满意为止。（图 5-1-1 到 5-1-4）

图 5-1-1

图 5-1-2

图 5-1-3

图 5-1-4

2. 拓印法

把印纸铺放在实物版上，用蜡笔、油画棒、软铅笔等在纸上擦画，实物的图文肌理便拓印于纸上。（图 5-1-5）

图 5-1-5

3. 按印法

在实物上刷墨后直接往纸上按印，如同盖图章印法。不适宜粘贴制版的实物便可用按印法。（图 5-1-6，图 5-1-7）

图 5-1-6

图 5-1-7

二、案例分析

活动名称：鱼

（一）活动描述

在幼儿美术教学中，实物拓印画是常用的一种教学方法。开展实物拓印画活动，激起幼儿们对美术活动的兴趣，并提升他们的动手实践能力。

（二）活动准备

鱼、排刷、墨、宣纸、废报纸、拓包等。

（三）活动过程

1. 准备好实物鱼，在鱼的身体一侧刷上墨。（图 5-1-8）

2. 准备好纸张和磨拓，把纸张蒙在鱼的身上进行拓印。(图 5-1-9)

3 对印完成，也可适当添画。(图 5-1-10)

图 5-1-8

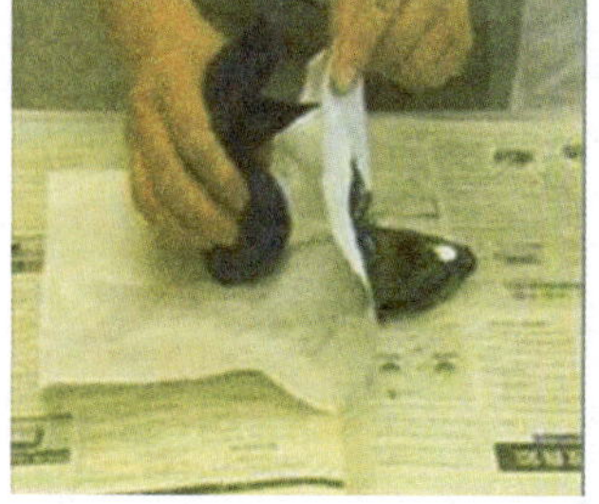

图 5-1-9

图 5-1-10

三、作品欣赏

图 5-1-11

图 5-1-12

图 5-1-13

图 5-1-14

图 5-1-15

四、思考与练习

1. 运用压印法、拓印法、按印法进行实物拓印。
2. 进行植物组合拓印创作。

第二节　纸版拓印造型

一、学海导航

知识与能力目标

了解纸版拓印的基本知识，如纸版拓印基本材料、工具的选择和基本造型等。

过程与方法目标

学会制作剪贴纸版拓印和吹塑纸版拓印，掌握纸版拓印的基本技法。

情感、态度、价值观目标

通过拼贴法、分割法、刻线法、撕纸法等，增加学生学习纸版拓印的兴趣。

一、基础知识

纸版画是用各种材质、各种纹理的纸板材料，经过不同的手段加工制作、印刷的版画。具有独特的表现形式、造型语言和审美情趣。纸版画最先出现在日本，现已经传播到世界许多国家，成为儿童版画教学的主要版画品种。近年来，儿童版画得到了迅速广泛的发展，由于制版材料经济，又容易取得，所以受到广大少年儿童的喜爱。

（一）纸版拓印的特点

纸版画属于软性板材，可塑性强，易加工制作。纸版画的制作方法多种多样，可以剪贴、刀刻、手撕、镂空、揉折等方法制作凸版、凹版、孔板、综合版。无论黑白、套色、油印、水印、拓印、漏印均可。纸版画的艺术表现力非常丰富，具有优美的纸质肌理和自然情趣，可以制作出各种不同形式趣味的版画作品。

（二）纸版拓印的基本技法

纸版拓印制作容易、简单，比较好掌握，各种不同纸质都是制作的好材料。而且纸的可塑性强，通过多种手法的处理，再运用不同的拓印方法，产生的效果是不一样的。它是版画里独具特色的一种，适合于各个年龄段的儿童，而且在剪、贴、印制作过程中还能锻炼小朋友手与眼的协调性，完善小朋友独立思考、独立操作的能力。

1. 拼贴法

将画稿分别转印到两块纸版上，一块做印刷底版用，可保留画稿的完整轮廓线；另一块分别转印各个需要剪贴的部分，然后用剪刀一一剪下，徐上乳胶贴在印有完整

画稿的底版上，粘贴时要由大到小，由下到上一层层拼贴形成高低不平的，错落有致的待印底版，拓印后黑、白、灰层次丰富，效果独特。一般粘贴二三层为佳（粘贴太厚不便印刷）。画面因贴纸的厚薄产生浓淡不同的墨色变化；其造型概括单纯，简朴稚拙。（图 5-2-1）

2. 分割法

先画出草稿，后复写，再按每部分的轮廓分界线剪开，然后安放在另一张复写稿上，各部分留有一定空隙。再滚墨，覆纸磨印。它主要靠分割的各部分轮廓來表现物象、形体。画面部份沒有重叠，别有一种天真自然、新奇独特的美感，具有拓片的印刷效果。（图 5-2-2）

图 5-2-1

图 5-2-2

3. 刻线法

用圆珠笔或自制不同粗细的硬笔（竹笔），依照画稿的线条，在纸版（或吹塑纸版）上刻下凹痕，也可根据需要将局部点凹下去，刻凹时用力要均匀、有力，但不要将纸版刻穿。滚上油墨，因刻凹下去的点和线不着墨，拓印后成为白色的点和线，产生了阴刻的画面效果。（图 5-2-3）

4. 撕纸法

用到刀在底版上将需要撕薄的部位，沿边线轻轻刻划，然后用刀尖挑起纸的一角，小心地把它撕掉一至两层，大块空白处可用手去撕，经过撕剥的底版，表面深浅下一，拓印以后便会产生一种有深有浅，有虚有实的特殊肌理效果。撕纸法是表現力比较丰富的一种方法。主要特点是撕纸和刻纸結合，用刻刀和钢笔在厚纸上刻制点、线、面造型，并用手撕揭纸版表层，使版面产生凹凸变化。（图 5-2-4）

图 5-2-5

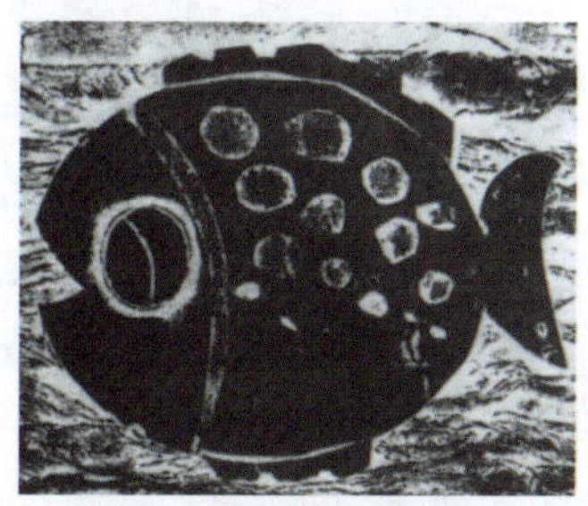

图 5-2-6

（三）纸版拓印分类

纸版拓印主要有剪贴纸版拓印和吹塑纸版拓印等。

1. 剪贴纸板拓印

剪贴纸版拓印的方法是最常用，也是纸版画中的最基础的一种表现方法。它是将画稿分别转印到两块纸版上，把其中一块用作印刷底版用，从而保留画稿的完整轮廓线；另一块分别转印各个需要剪贴的部分，然后用剪刀一一剪下，涂上乳胶贴在印有完整画稿的底版上，粘贴时要由大到小，由下到上一层层拼贴形成高低不平的，错落有致的待印底版，拓印后黑、白、灰层次丰富，效果独特。（图 5-2-5）

2. 吹塑纸版拓印

吹塑纸版拓印制作时不需用刀刻，只要用铅笔、圆珠笔等工具在吹塑纸版上写画压刻，便会产生阴刻的白线和点，若用手揉捏、卷折则产生变化莫测的纹理效果；另外，用梳子能在版面上压刻出平行排线，大块空白也可用刀剪刻或手撕，十分随意自如。（图 5-2-6）

图 5-2-5

图 5-2-6

二、案例分析

活动名称：小老虎

（一）准备工具材料

各种刀具、剪子、刷子、油滚子、木蘑菇等。

（二）制作过程

1. 剪刻，选择自己喜欢的小老虎形象，用剪刀把画稿上的形象进行分版，分别剪或者刻出来。（图 5-2-7）

2. 制版，将剪出的各个部分用胶水依次粘贴在底版上。(图 5-2-8)

3. 涂色，使用油滚子把调好的油墨（或者水色）均匀地涂在底版上。(图 5-2-9)

图 5-2-7

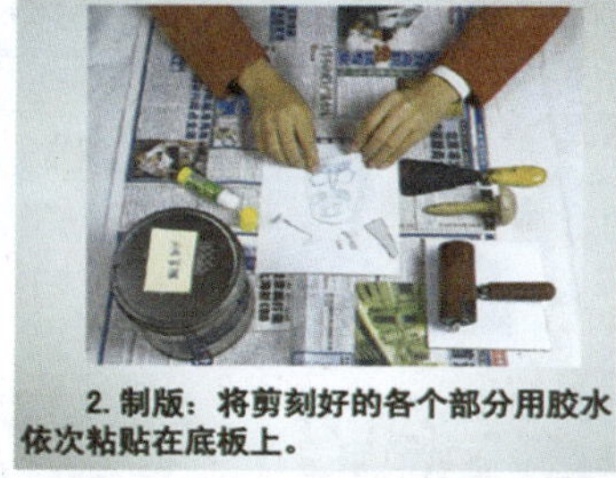

图 5-2-8

图 5-2-9

4. 拓印，铺上纸，用木蘑菇或者马莲均匀画圆压磨。(图 5-2-10)

5. 作品完成，整理工具。(图 5-2-11)

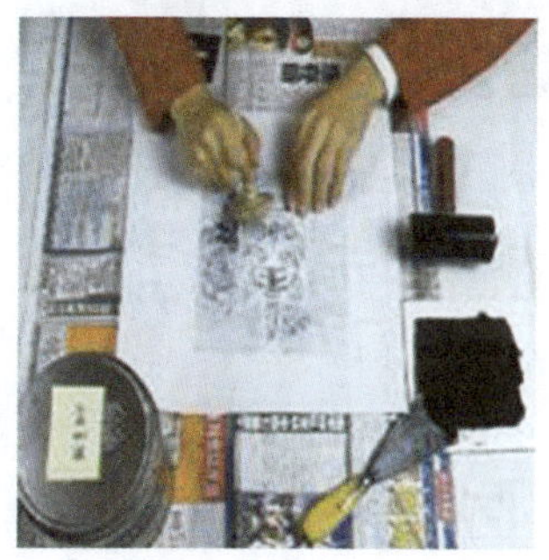

图 5-2-10

图 5-2-11

活动名称：瓶花

（一）准备工具材料

吹塑纸、深色卡纸（一般黑色为佳）、水粉颜料和笔、夹子、圆珠笔（或自制硬笔）等。

（二）制作过程

1. 先在心中打好腹稿或是在纸上打好草稿，然后胸有成竹地将心中的构思用圆珠笔或自制 硬笔深深地刻在吹塑纸上，制成底版。(刻画时候要注意力度，太轻线条不够明显印不出效果，太重容易把吹塑纸刮坏）(图 5-2-12)

2. 准备一张与底版一样大小的深色的卡纸，把它与底版对齐，合并在一起，并用夹子将 一头固定，使之在作画过程中不能随便移动，避免画面的物象重叠。(图 5-2-13)

图 5-2-12

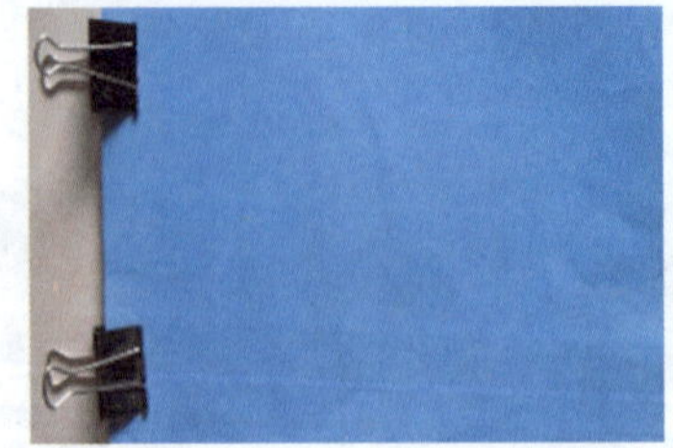
图 5-2-13

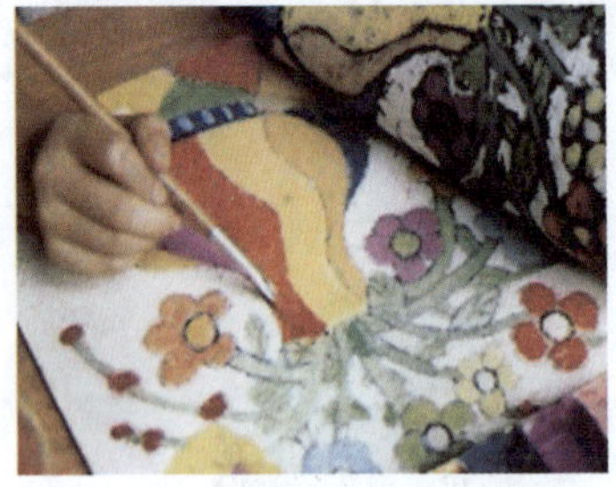
图 5-2-14

图 5-2-15

3. 把含水分不多的各类颜色的水粉颜料或油画颜料均匀地涂在底版上，每涂一块就印一块，使之和底版对合的深色卡纸渐渐成形。（在涂颜料的过程中药特别注意控制水分，不要涂到刻在吹塑纸上的线里，避免印出来的混成一片，效果不佳）。（图 5-2-14）

4. 检查深色卡纸上的颜色哪里还不够饱满，再重新涂、印，以完善整个画面，完成作品。（图 5-2-15）

三、作品欣赏

图 5-2-16

图 5-2-17

图 5-2-18

图 5-2-19

图 5-2-20

图 5-2-21

四、思考与练习

1. 吹塑纸版画可以进行单色和多色创作的拓印，在课后练习中是否可以尝试把剪贴纸版画和吹塑纸版画结合创作运用到幼儿手工教学中来？

2. 尝试运用纸版画制作技法，比如拼法、分割法、刻线法制作一张纸版画作品。要求：有创意，造型丰富，适合幼儿教学。

第三节　对印拓印造型

一、学海导航

知识与能力目标

了解对印拓印的基本知识，如对印拓印基本材料、工具的选择和肌理特点等。

过程与方法目标

学会对印方法，掌握对印拓印的基本技法特点。

情感、态度、价值观目标

通过多种肌理和材料的运用等，增加学生学习对印拓印的兴趣。

一、基础知识

对印造型不同于实物对印。实物对印是借助有形的实物来发挥联想构成画面，而对印造型是发挥用笔用色形成的笔触、色彩与水迹压印而产生的肌理效果。（图 5-3-1）

对印造型的方法主要有折纸对印、纸版对印和玻璃板对印等。

图 5-3-1

（一）对印拓印造型的特点

这是一种简便、绘画性强、装饰性浓的拓印造型。画面肌理分明，颜色可以涂得丰富多彩，也可以简洁、概括。

（二）对应拓印造型的基本技法

1. 制母版，在白板纸（玻璃板、塑料板等均可）上涂画干、湿、浓、淡各种所需的颜色。颜色应饱满，水色淋漓，不宜太干，以免影响画面肌理。

2. 拓印，白板纸覆盖在母版上，通过挤、压、转、擦、画、拉、洗等方法拓印，或半印半画，边印边画，可以得到一反一正两张完全相同的使人赏心悦目的图画。但有时也会把形体挤压得糊涂一片，因此要注意颜色的稀释程度，对印时要掌握好起纸时的轻重、快慢、停顿、方向和节奏，使效果情趣各异。

3. 印完之后，需要作适当的选择和剪裁，局部也可“画龙点睛”，通过进一步加工完善，最后成为一张完整的作品。

二、案例分析

活动名称：对印机器猫

（1）活动描述

学生都有喜欢的卡通人物，可通过对印画的形式表现学生喜欢的卡通人物形象。

（2）活动准备

颜料、笔刷、素描纸、擀面杖、铅笔、橡皮等。

（3）训练能力

1. 简单构图的能力；

2. 数学的几何空间能力；

3. 依据卡通原型完成对印画制作的能力。

（四）活动过程

1. 准备一张白色卡纸，对折一次，在左开始画图。（图 5-3-2）

2. 趁勾线的黑颜料未干之际，迅速压印到右边的卡纸上。（图 5-3-3）

3. 当水粉颜料还未干的时候，运用按、挤、压、揉、擦等技法进行折叠对印。（图 5-3-4）

4. 分部分压印后得到完整图案。（图 5-3-5）

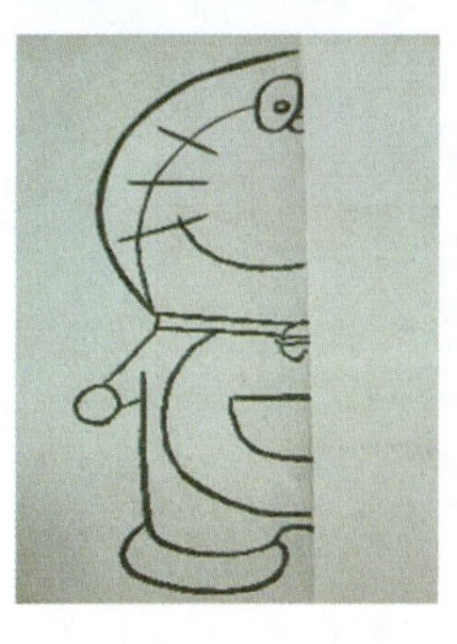
图 5-3-2

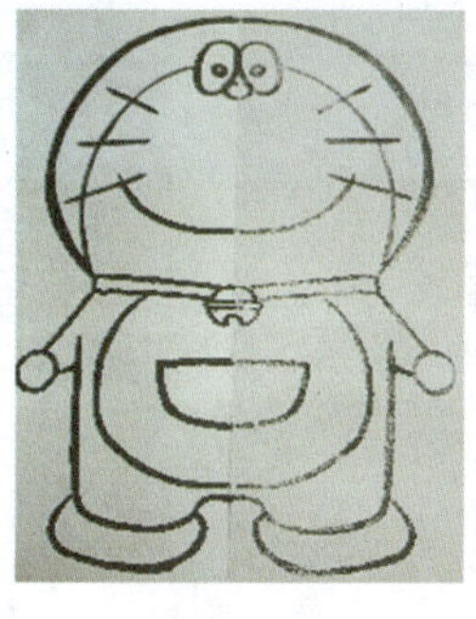
图 5-3-3

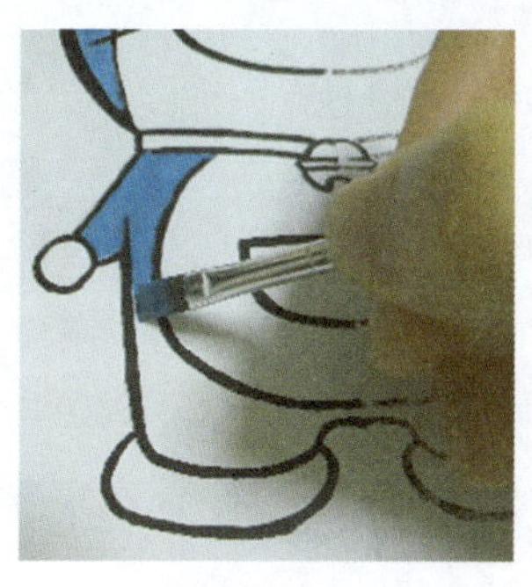
图 5-3-4

图 5-3-5

活动名称：士兵

（一）活动描述

让同学们不仅知道水粉画，而且能够了解到对印拓印水粉画的独特的肌理之美。

（二）活动准备

颜料、画笔、水桶、调色盘、2b 铅笔、橡皮擦、一张水粉纸等。

（三）训练能力

1. 培养初步绘画的功底，学会调配颜料的能力。
2. 依据提供的人物原型完成对印拓印的能力。

（四）活动过程

1. 将一张水粉纸平均对折，在对折线的一边画出卡通人物原型的一半。（图 5-3-6）

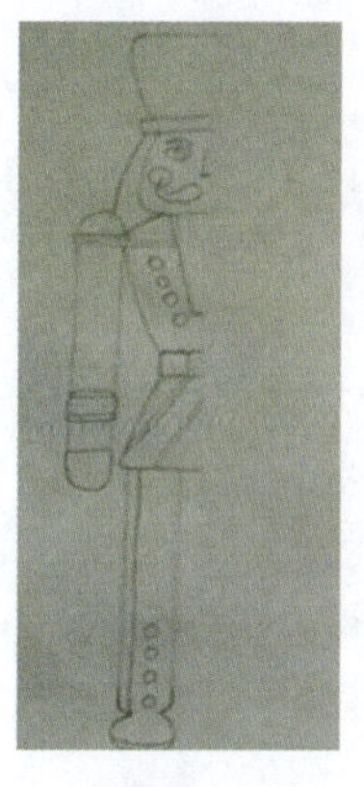

图 5-3-6

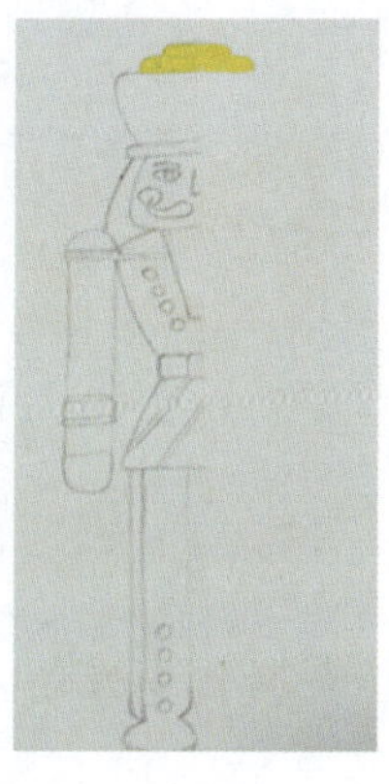
图 5-3-7

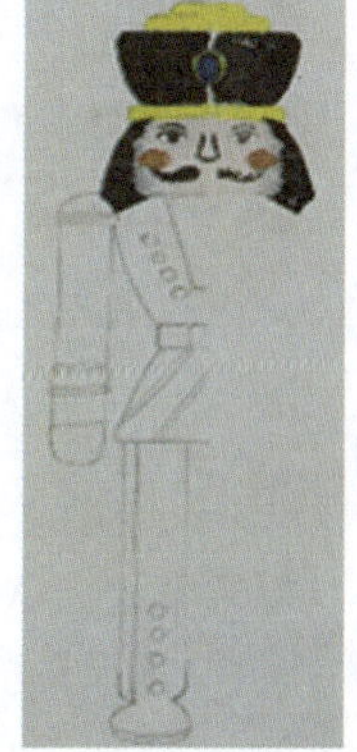
图 5-3-8

2. 将调配好的颜料上在纸上，趁颜料还没干之前，就开始对折拓印。（图 5-3-7）
3. 继续重复以上的步骤，调整直到完成作品。（图 5-3-8 到图 5-3-11）

图 5-3-9

图 5-3-10

图 5-3-11

三、作品欣赏

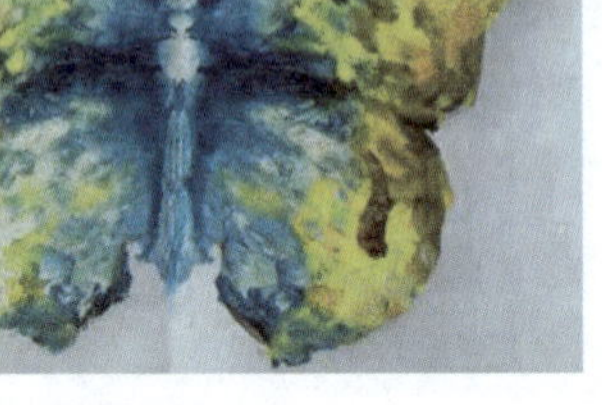
图 5-3-12

图 5-3-13

图 5-3-14

四、思考与练习

尝试运用水墨完成一张具有地方特色的风景对印拓印作品或者完成一张以植物、动物、人物为主的对印拓印作品。

第四节　漏印造型

一、学海导航

知识与能力目标

了解漏印基本材料、工具的选择和制作步骤等。

过程与方法目标

学会母版制作的技法，掌握漏印的基本技法特点。

情感、态度、价值观目标

通过 T 恤、布包的制作，增加学生学习漏印造型的兴趣。

一、基础知识

漏印造型是我国民间流传的一种拓印方法。它印制图形的道理是先将图形在纸或其他材料上挖割成镂空的图形模板，然后通过刷、涂、喷、拓将印料从模板上的透空部分转印到承印面上。（图 5-4-1）

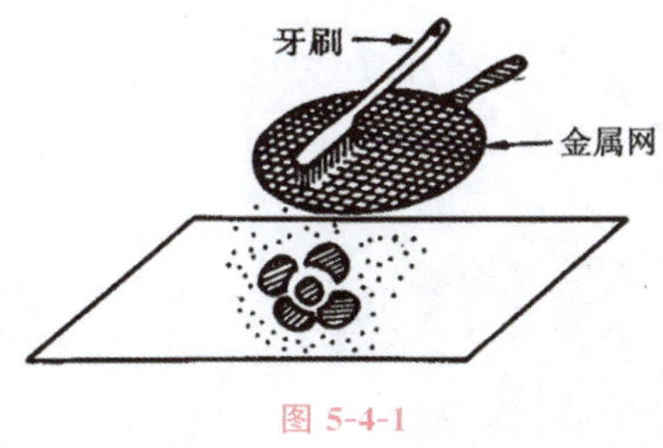

图 5-4-1

（一）漏印造型的特点

我国广为流传的蓝印花布，就是在油纸上镂刻好花纹，再经一系列制作而成的。漏印造型的纹样疏密、虚实有致，点线巧妙结合，淡雅而美观，深受人民喜爱。

（二）漏印造型的基本技法

1. 我们在绘图纸上先描画好花纹，然后用刻刀或刀片照纹样镂刻。设计纹样要注意点线结构联结关系，不要让纸版支离，影响形象的完整。

2. 镂刻完成后，把镂刻版放在选定的纸（或者其他物体）上，摆好位置，取夹子或大头针固定。

3. 颜料进行喷刷或用油滚蘸颜色涂刷。可以不断利用剪刻的纸型多次重复拓印，色彩、颜料也可以多变，这样就可以印出很多好看的造型。

二、案例分析

活动名称：T 恤

（1）准备制作材料

丙烯颜料、卡纸、滚筒、白色 T 恤等。

（二）活动过程

1. 用卡纸画好所需图形。（图 5-4-2）

2. 用刻刀把要漏印的部分进行镂空设计，并准备好颜料和油滚。(图 5-4-3)

3. 衣服铺平，把卡纸放在合适恰当的位置准备漏印。(图 5-4-4)

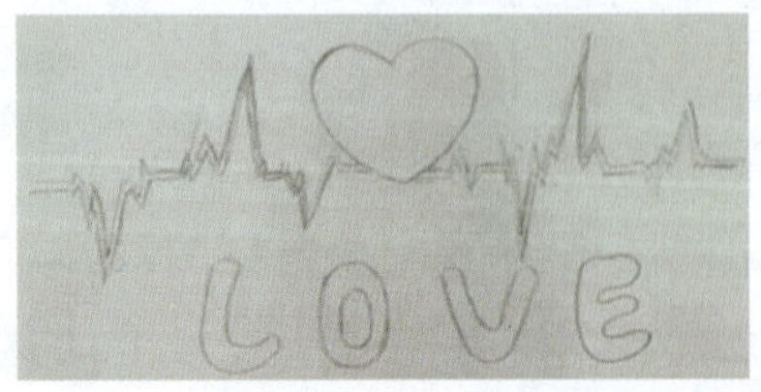

图 5-4-2

图 5-4-3

图 5-4-4

4. 用油滚蘸上红色丙烯颜料，进行漏印。(图 5-4-5)

5. 完成衣服制作，等待衣服晾干。(图 5-4-6)

图 5-4-5

图 5-4-6

活动名称：宣传画

(1) 活动描述

漏印是制作宣传画的一种很好地方式，对于批量的印制能省时省力，且效果不同于一般绘画、有一定的视觉冲击力。

(二) 活动准备

颜料、美工刀、白纸、拓印纸、画板、铅笔、橡皮、海绵、画笔等。

(2) 训练能力

1. 动手刻画的能力。

2. 依据动漫原型完成漏印画制作的能力。

(四) 活动过程

1. 选好图形，并用笔画在有厚度的纸画好，并用美工刀刻出来。(图 5-4-7、图 5-4-8)

2. 按自己的构思，把底纸绘上适合的色彩 。(图 5-4-9)

3. 将彩色颜料覆盖在白纸上，注意颜色的搭配，注意风干。(图 5-4-10)

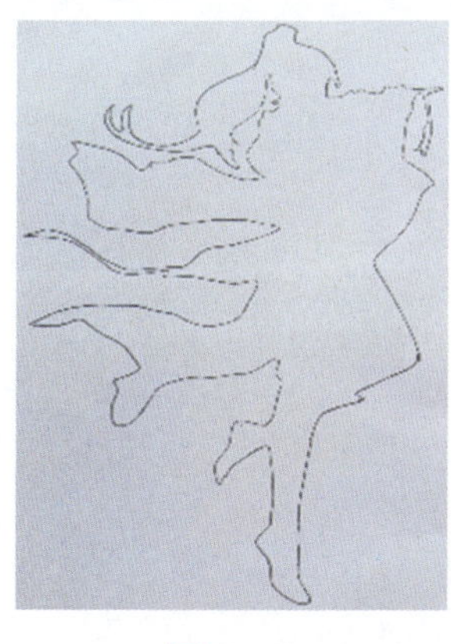

图 5-4-7

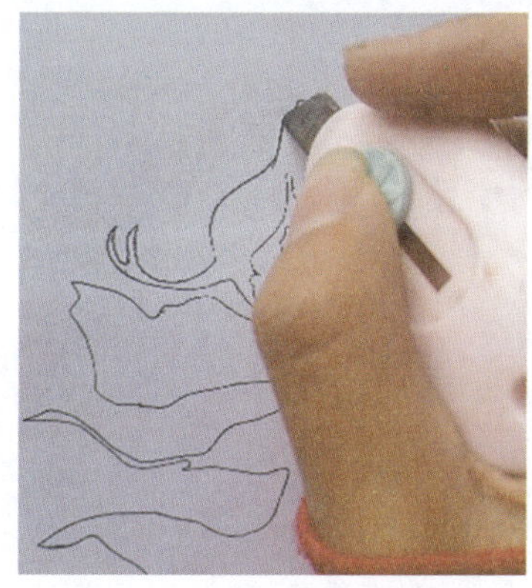

图 5-4-8

图 5-4-9

4. 将刻好的拓印模板纸覆盖在已经风干好了的底纸上，并用海绵沾取颜色色的颜料拍打、按压，也可采用喷撒的方式将颜色填入刻掉的地方。(图 5-4-11)

5. 调整细节，小心取下模板，添加其他文字和图形完成宣传作品的制作 。(图 5-4-12)

图 5-4-10

图 5-4-11

图 5-4-12

三、作品欣赏

图 5-4-13

图 5-4-14

图 5-4-15

四、思考与练习

1. 在幼儿园开展亲子活动的时候穿上自己设计的衣服大大的提升了活动的观赏性，这个课程是否可以作为幼儿园的大型亲子手工活动？

2. 尝试运用漏印拓印技法制作一套家庭亲子装，自己设计图案进行剪刻拓印，要求衣服的图案适合幼儿，且有一定的观赏性。

第五节　木版拓印造型

一、学海导航

知识与能力目标

了解木版拓印基本材料、工具的选择及多种形式的木版造型。

过程与方法目标

学会基本的刀法运用，掌握木版拓印的基本技法特点，拓展学习黑白木刻拓印。

情感、态度、价值观目标

通过黑白木刻的制作，了解潍头年画的魅力。增加学生学习木版拓印的兴趣。

一、基础知识

木版拓印画即“木刻版画”，版画的一种，用刀在木板上刻画，再用纸拓印出来的一种图画。

（一）木版拓印造型的特点

用纵剖板面刻制的叫木面木刻，用横断板面刻制的叫木口木刻。以凸线为主构成白多于黑的画面者，叫阳刻，以凹线为主构成黑多于白的画面者，叫阴刻；也有阴刻、阳刻混用者。运用多块木版套印出两种以上颜色的作品，称为套色木刻。又因拓印使用的颜料性质不同，分为油印木刻和水印木刻等。过去木刻多用以复制绘画作品，绘、刻、印三者分工，称为复制木刻。现代木刻由作者自画、自刻、自印，充分发挥刀木所特具的艺术效果，称为创作木刻。凡在平面木板上，用不同类型刀具，根据画稿进行刻制，刻去不必要部分成凹版，再在留下的凸版上滚以油质或涂以水性等颜料而后拓印于纸上的画面称为版画。

结合幼儿的动手能力，以及材质的方便性，我们本节课程学习单色油印创作木刻，并且选取和木板差不多的特性却软一些容易刻动的胶板或者 KT 板制作。

（二）木版拓印造型工具材料

木板、胶板、KT 板、纸胶带、油墨、马莲、硫酸纸、滚筒、宣纸、刻刀、玻璃板等

其中刻刀的种类有斜刀、平刀、圆刀 、角刀等。（图 5-5-1 到图 5-5-7）

图 5-5-1　斜刀

图 5-5-2　平刀

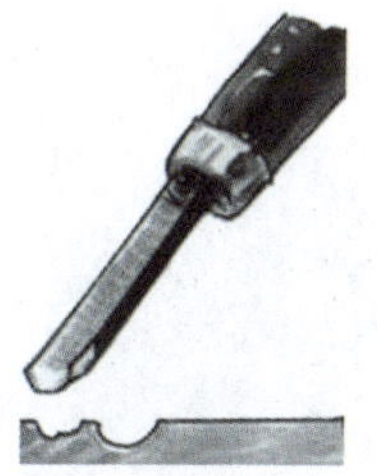
图 5-5-3　圆刀

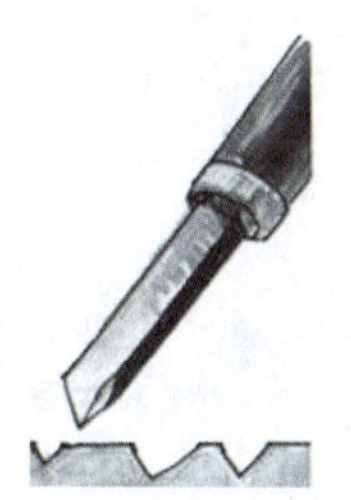
图 5-5-4　角刀

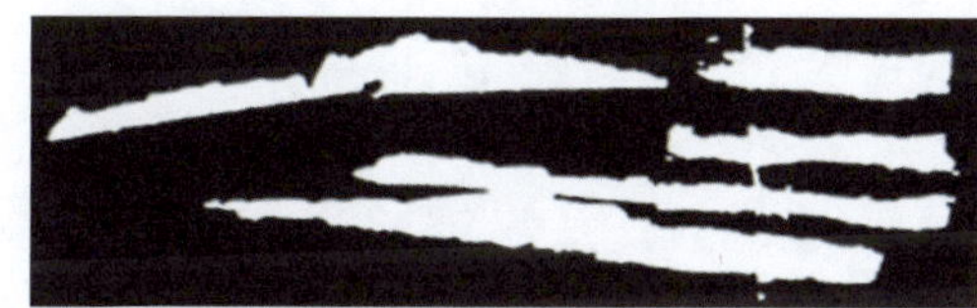
图 5-5-5　斜刀纹

图 5-5-6　角刀纹

图 5-5-7　圆刀纹

（三）木板拓印的基本技法

1. 画稿，在画稿时结合范图，讲构成画面线条的疏密关系。哪些地方线条最密集，哪些地方线条最稀，哪些地方线条不稀不密。

2. 刻版，将画好的稿子用硫酸纸转印到木板上，画好后用不同的刻刀进行刻制，在刻的过程中注意点、线、面的运用。

3. 印制，用油滚将油墨在玻璃板上来回滚动，使油滚表面均匀受墨，滚在刻好的板子上（根据需要，可随意调整各种颜色），使木板画上均匀受色，然后用宣纸覆盖在木板上，稍用力压印，完成拓印。

二、木版拓印造型案例

活动名称：生肖羊

（一）准备材料工具：

木板、刻刀、宣纸、油墨、滚筒等。（图 5-5-8）

图 5-5-8

（二）活动过程

1. 画稿，在木板上画出所需图形。（图 5-5-9）
2. 刻板，利用不同的刀法结合点、线、面的特点进行刻板。（图 5-5-10）
3. 准备好油墨和油滚，调整画面，把滚筒蘸上油墨进行上色准备。（图 5-5-11）

图 5-5-9

图 5-5-10

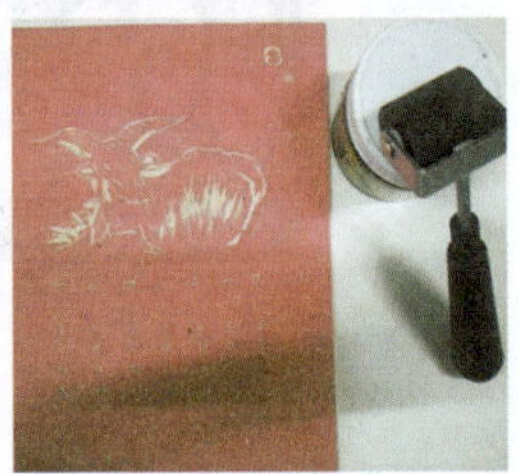

图 5-5-11

4. 上色，用油滚把油墨均匀的滚在木板上。（图 5-5-12）
5. 拓印，把宣纸覆盖在木板上，用力按压，完成拓印。（图 5-5-13）
6. 完成拓印，修整作品。（图 5-5-14）

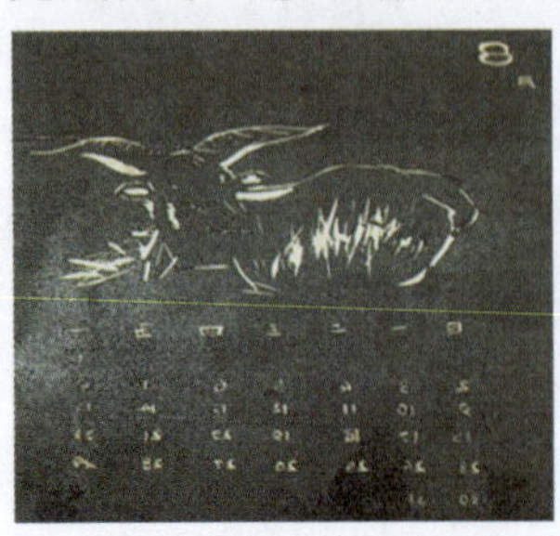

图 5-5-12

图 5-5-13

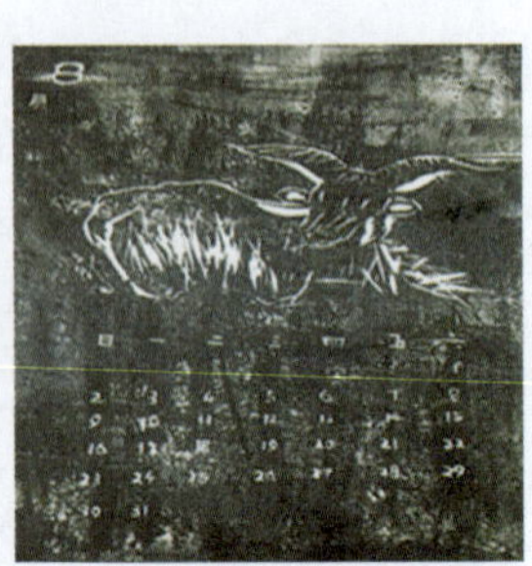

图 5-5-14

三、作品欣赏

图 5-5-15

图 5-5-16

图 5-5-17

四、思考与练习

自己设计图案进行版刻拓印，尝试运用木版拓印技法制作一套动物组合。

要求：要求内容简单易懂适合幼儿，且有一定的观赏性，黑白关系处理合理，刀法运用灵活恰当。

第六章　自然物加工造型及技法

第一节　竹制工艺造型

一、学海导航

知识与能力目标

了解竹制工艺品的概念，熟悉当地常见的竹制工艺品的基本编法。

过程与方法目标

利用竹制材料完成手工使用品或装饰品，理解竹类使用价值。

情感、态度、价值观目标

加深对中国传统文化的了解，对传统手工艺产生热爱之情。

一、基础知识

竹制品是指以竹子为加工原料制造的产品，如竹篮、斗笠、竹筷、背篓、竹床、竹凳、竹席等，还有一些价值较高的，如竹雕等民间工艺品等。竹制工艺品类型有很多，其主要包括竹编工艺品、竹雕工艺品，以及竹织工艺品。

本节我们将走进竹子的世界，认识由竹子作为原材料的工艺品。

（一）竹斗笠

斗笠，又名笠帽，是以竹篾、竹叶等为原材料编织而成，有尖顶和圆顶两种形制。大小不一，可遮雨蔽日，与蓑衣最为相配。至今在山村水乡仍随处可见，更有一些旅游胜地，将斗笠作为一种既实用又美观的工艺品出售，十分受人欢迎，有些家庭、学校、饭店等往往在墙上挂上斗笠作为装饰，也很赏心悦目。

位于湖南省怀化市的中方县盛产斗笠，中方斗笠是湖南省的地方传统手工艺品，历史已有五百多年，文化底蕴深厚，相传乾隆年间，时任太常寺博士的中方人潘仕权执掌宫廷礼仪，将中方斗笠献给乾隆皇帝，得到了极高的赞赏，从此中方斗笠成为宫廷贡品，声名鹊起，解放后，中方斗笠历久弥新，十分走俏，以轻便、精巧、光亮、耐用，美观，透气等功能而著称，在省内外久负盛名。（图 6-1-1）

图 6-1-1

（二）斗笠制作工艺

看似外形简单的斗笠，编制过程十分讲究，多道工序一道也不能马虎。选择质地良好的竹子，然后剖成竹片，削成粗细均匀的篾条，晒干。（图 6-1-2）

图 6-1-2

编斗笠从帽顶开始，在一个专门编斗笠制作的模具上，按一定的规律将篾条编成帽胚。为了保存长久，有时竹叶夹一层油纸或荷叶，斗笠表面再涂上桐油。最后对帽顶和帽檐封边、固定，这样不仅结实，还能更好的遮风挡雨。（图 6-1-3）

传统手工艺人编制一顶斗笠至少需要两三个小时，每天最多编织两顶左右。（图 6-1-4）

图 6-1-3

图 6-1-4

（三）竹背篓

背篓是用竹、藤、条等编成的容器，背在背上运送东西，制作简单形态多样，使用起来非常灵活，适合于山区不同地形下背运物品，大大方便了当地的生活。背篓底部略呈方形，从腰部开始便呈椭圆形，而且慢慢扩展开来，很像是一个放大了若干倍的高音喇叭，侧面有两根肩带可以背在背上，这种背篓用于背谷子、苞谷、洋芋等各种物件。

现在发达城市更多的是将背篓应用到各种装饰或舞台道具中去。但中国传统的背篓竹编还需要我们下一代继续传承下去并发扬光大。（图 6-1-5、图 6-1-6）

图 6-1-5

图 6-1-6

图 6-1-7

二、案例分析

活动名称：竹风铃

（1）活动描述

竹子是中国传统手工艺常用材料之一，现在让我们一起用竹子做一个简单的风铃。

（2）活动准备

小竹子 细绳 锯子 美工刀 打火机 石蜡等。

（3）训练能力

1. 动手操作能力。
2. 手脑协调能力 处理加工竹节的能力。

（四）活动过程

1. 找到合适的小竹子 ，把乱七八糟的枝叶裁掉，烘干，锯成这样。（图 6-1-7）
2. 再加工把皮削掉，锯口磨圆 ，竹节内部打小孔。（图 6-1-8）
3. 把蜡融掉，给打好孔的竹子上蜡。（图 6-1-9）

图 6-1-7

图 6-1-8

图 6-1-9

4. 用细绳穿过竹节内部的孔，在竹节里面的细绳绑上短短的小木棍。(图 6-1-10)

5. 最后按自己喜欢的方式做好风铃。(图 6-1-11)

图 6-1-10

图 6-1-11

活动名称：竹笔筒

(1) 活动描述

大家知道竹子的特点是笔直修长，节节生长，竹筒内心是空的，那我们可以利用它的这个特点，教学生给竹筒穿上漂亮的花外衣，让它变身成一个笔筒，可以成为装彩笔的工具。

(2) 材料准备

竹筒、铅笔，橡皮、记号笔、刻刀、水彩笔等。

(三) 能力训练

在教学过程中，老师引导学生认识竹子，了解竹子的生长过程，知道竹子坚韧不拔、虚心生长的品质，在动手创作的过程中还学到了课堂以外的更多知识。

(四) 活动过程

1. 准备好有一个竹节的一段竹子，大小长度适合装笔。(图 6-1-12)

2. 用铅笔在竹子上构图，画上自己喜欢的图案，注意在竹子上画画和在纸上的区别，竹面上画画相对来说难度稍大。(图 6-1-13)

3. 用铅笔把图案画出来，可直接用刻刀把线条刻出来，注意线条流畅有美感。(图

6-1-14）

4. 还可以选择一些简单的图案，用刻刀大面积的刻画出图形和文字线条，也可以选择自己喜欢的颜色上色。（图 6-1-15）

图 6-1-12

图 6-1-13

图 6-1-14

图 6-1-15

活动名称：小竹床

（一）活动描述

竹子乡村很常见的一种材料，可以通过竹制工艺品的形式培养学生的动手实践能力。

（二）活动准备

竹子、小刀、锯子、胶水等。

（三）训练能力

1. 动手实践能力。
2. 依靠竹子制作小作品的能力。

（三）活动过程

1. 准备好做小家具的材料和工具，利用小刀把竹子切成条状，再利用胶水大致粘出其框架。（图 6-7-16）

2. 继续上面步骤，直至完成大体框架。（图 6-7-17）

图 6-1-16

图 6-1-17

3. 再用小竹子粘出上半部分框架。（图 6-7-18）

4. 利用胶水和竹子填充中间空余部分。（图 6-7-19）

图 6-1-18

图 6-1-19

5. 填完后进行微调，使竹床看起来更平整、舒适。（图 6-7-20）

图 6-1-20

三、作品欣赏

图 6-1-21

图 6-1-22

图 6-1-23

四、思考与练习

1. 找找自己身边常见的竹制品，并熟悉了解它的制作工艺。
2. 通过搜集资料、查阅文献等方法能深入了解竹制品的制作流程，熟悉制作工艺。
3. 利用竹子材料，自己动手制作一个简单的工艺品。

第二节 植物种子粘贴造型

一、学海导航

知识与能力目标

了解贴画的内涵。

过程与方法目标

用日常生活中的种子制作粘贴画，发展创造性思维。

情感、态度、价值观目标

培养学生良好的劳动习惯和节俭意识。

一、基础知识

自然界中各种各样的植物种子，如豆子、玉米、大米、小米等，都可以用来制作装饰画。这些材料形状不同，颜色各异，很多种子不但具有美丽的花纹，而且还有鲜艳的色彩和光泽。巧妙地利用种子的这些特征，就可以拼贴出奇特的作品。

花生、瓜子、松果、开心果等坚果是同学们最喜欢的零食，同学们可以利用这些坚果的果壳，发挥丰富的想象力，锻炼自己的动手和造型能力，做各种可爱的装饰品。(图 6-2-1、图 6-2-2)

图 6-2-1

图 6-2-2

(一) 植物种子粘贴造型的材料和工具

豆子、玉米、大米、小米、镊子、白乳胶等。

（二）植物种子粘贴的基本技法

1. 尽可能找到不同形状、大小、颜色和花纹的种子。
2. 用铅笔在用作底板的三合板上按设计画好图形。
3. 用白胶涂在三合板上，挑选种子依次粘贴完成。
4. 全部干后，还需要稀释的白胶整个罩涂一遍，这样使画面粘贴得更牢固。
5. 为了使作品更显得光亮，还可以再统罩一遍清漆。

用此种方法，我们还可以制作图钉组画、纽扣贴画等形式的造型。（图 6-2-3、图 6-2-4）

图 6-2-3

图 6-2-4

二、案例分析

活动名称：猫头鹰

（一）活动描述

植物种子粘贴造型在教学中可以结合简笔画造型进行构造，选择简单的动植物等的造型，培养幼儿思维与动手实践相结合，激发幼儿的想象力和创造力。

（二）活动过程

1. 选材构思，选择图案和合适大小、颜色的种子。
2. 打底稿，线条清晰、结构明确。（图 6-2-5）
3. 粘贴，用棉棒蘸取白乳胶，均匀的涂在底版上，用镊子将种子粘在合适的地方，胶要多涂一些，先粘边缘，后贴中间部位。要求布局合理，排列整齐。（图 6-2-6）
4. 修饰完成。（图 6-2-7）

图 6-2-5

图 6-2-6

图 6-2-7

三、作品赏析

图 6-2-8

图 6-2-9

图 6-2-10

图 6-2-11

图 6-2-12

图 6-2-13

四、思考与练习

利用植物种子设计制作一幅粘贴作品。

第三节　蛋壳造型

一、学海导航

知识与能力目标

了解蛋壳造型所需材料和工具，体会它的神奇之处。

过程与方法目标

掌握蛋壳造型设计，制作出具有美感和新用途的蛋壳造型作品。

情感、态度、价值观目标

感受环境保护带来的乐趣，树立一定的环保意识。

一、基础知识

生活中常见各种蛋类有着各种颜色，有的还有美丽的花纹。将这些颜色不同的蛋壳洗净能制作各种有趣的粘贴造型。我们也利用蛋壳做各种立体造型的装饰品，去创造生活的乐趣。

（一）蛋壳造型的基本材料

生活中常见的鸡蛋、鸭蛋、鹌鹑蛋等。

（二）蛋壳造型的基本技法

1. 蛋壳制作粘贴画

要收集蛋壳，洗净后晾干，特别是蛋壳内的薄膜要撕去。根据画面的分色要求，还可以用颜料把它们染成各种颜色。（图 6-3-1）

在底纸上画出喜欢的图案，再把画面局部涂乳胶，就可以把彩色蛋壳按粘上去。

由于按压蛋壳自然破碎，粘在画面上会出现不规则裂纹。我们可以先粘满一部分后再换色粘另一部分，色块之间的边缘要稍加整理，直至把画面各色按按要求粘满完成。

2. 蛋壳可以制作立体造型

在蛋壳的两头各开一小孔，用嘴朝里吹气，就可以取出蛋黄和蛋白，然后晾干备用。

针对蛋壳的特征，设计时要在对象的身上先找出椭圆体，如花鸟市常把鸟概括成椭圆形，依据这一点运用夸张和提炼，用卡纸、羽毛、毛线适当添加鸟的翅膀和腿，而后着色绘制就可以完成设计制作。其他动物或人的造型方法基本相同。

为增强蛋壳立体造型的稳定性，我们制作的时候可适当添加底座。（图 6-3-2）

图 6-3-1

图 6-3-2

二、案例分析

活动名称：猫头鹰

（一）活动描述

鸡蛋是生活中常见的食材，利用其完整的蛋壳，以及各种素材，通过彩绘和粘贴，制成可爱的猫头鹰形象。

（二）活动准备

完整的蛋壳、颜料、卡纸、海绵纸、剪刀、双面胶等。

（三）训练能力

1. 颜色和剪纸的运用能力。
2. 依照动物的特征，利用椭圆状蛋壳加工塑造的能力。

（四）活动过程

1. 去除蛋清和蛋白的完整蛋壳风干备用．（图 6-3-3）
2. 用颜料在蛋壳上绘制图案。（图 6-3-4）
3. 用剪刀剪下各种装饰鸡蛋的卡纸形状。（图 6-3-5）
4. 将所剪下的各类形状卡纸上色。（图 6-3-6）
5. 把涂好色的卡纸粘贴在蛋壳上，完成作品。（图 6-3-7）

图 6-3-3

图 6-3-4

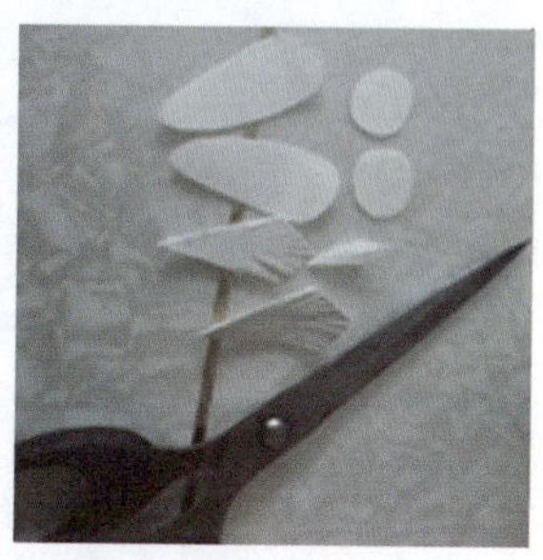

图 6-3-5

图 6-3-6

图 6-3-7

活动名称：猪宝宝

（一）活动描述

让幼儿学习蛋壳贴画，选择一些简单的图案让幼儿进行平贴，或者让幼儿拿一大片蛋壳用手碾碎压平、呈现出裂痕肌理效果，从而提高幼儿的耐心和培养幼儿的动手能力。

（二）能力训练

1. 了解蛋壳贴画的制作过程。
2. 自己动手制作一个蛋壳贴画作品。

（三）活动过程

1. 在纸上画一个简单的造型。（图 6-3-8）
2. 把蛋壳碾碎压平，选出合适的蛋壳碎片上粘贴在相应的图案上。（图 6-3-9）
3. 重复以上步骤直到蛋壳贴画贴完。（图 6-3-10、图 6-3-11）
4. 需要染色的进行染色完成。（图 6-3-12）

图 6-3-8

图 6-3-9

图 6-3-10

图 6-3-11

图 6-3-12

三、作品赏析

图 6-3-13

图 6-3-14

图 6-3-15

图 6-3-16

图 6-3-17

四、思考与练习

用蛋壳设计制作一件装饰作品。

第四节　卵石造型

一、学海导航

知识与能力目标

感受卵石造型的多种表现手法。

过程与方法目标

通过利用卵石进行造型，学会发挥自己的想象能力。

情感、态度、价值观目标

培养学生热爱生活的情感，提高设计、创作的兴趣。

一、基础知识

大路边、小河旁，不起眼的卵石在我们的身边随处可见，只要你仔细揣摩展开联想，并把它巧妙地装饰一下，就能赋予这小小的卵石生命的气息，成为一件栩栩如生的工艺品。

在教学中的鹅卵石贴画是幼儿教学比较常见的装饰画，根据鹅卵石的形状以及纹理进行粘贴以拼贴出图案，有助于幼儿思维能力以及想象力的开发。（图 6-4-1、图 6-4-12）

图 6-4-1

图 6-4-2

（一）卵石造型基本材料和工具

卵石、砂布、白乳胶、画笔、丙烯颜料等。

（二）卵石造型的基本技法

1. 选料，在路边、河床，找上几块圆滑的卵石并不难，把收集到的各种造型的卵石洗净、擦干后，如果发现表面有少许凹凸，可用砂纸磨光，凹凸较大也可用石膏调胶填充后再磨光。

2. 设计，依据卵石的形进行内容的选择和图案纹样的设计。

3. 绘制，用铅笔描绘形象，接着上色。注意上色应用较浓的水粉色，待色干透后涂上一层清漆油。

4. 组合，若一块卵石不够的话，也可以两块、数块卵石用强力粘合剂粘牢，制作成组合型。为使作品更完美，也可把卵石粘在瓷盘上，也可添加其它材料共同组成一件小摆设。（图 6-4-13、图 6-4-14）

图 6-4-13

图 6-4-14

二、案例分析

活动名称：猫头鹰

（一）活动描绘

卵石的造型各种各样，设计时根据石料本身的形状去进行巧妙、合理地安排画面，自己动手创造出精美的艺术品，美化我们的生活。

（二）活动过程

1. 把石头洗刷干净。观察、联想石头适合什么造型（多角度观察，寻找最适合造型的面）（图 6-4-15、图 6-4-16））

2. 均匀地涂上白色丙烯颜料。（图 6-4-17）

图 6-4-15

图 6-4-16

图 6-4-17

3. 用勾线笔勾线（强调突出特征，用笔简练）（图 6-4-18）

4. 铺色（先浅后深，点线装饰，富于美感）（图 6-4-19 到图 6-4-21）

5. 可以根据需要组合卵石形象。

图 6-4-18

图 6-4-19

图 6-4-20

图 6-4-21

三、作品赏析

图 6-4-22

图 6-4-23

图 6-4-24

图 6-4-25

图 6-4-26

图 6-4-27

图 6-4-28

图 6-4-29

四、思考与练习

选择合适的石头，根据石头的特点进行添画、拼摆成一个有趣的形象。

第五节　蔬果加工造型

一、学海导航

知识与能力目标

了解常见蔬果花卉的颜色、形状等特征，熟悉材料的适合创作的题材。

过程与方法目标

掌握蔬果手工造型的基本技能，能利用蔬果完成手工作品。

情感、态度、价值观目标

加深对中国传统文化的了解，对传统手工艺的热爱。

一、基础知识

食品雕刻古已有之。它是我国历代厨师发挥聪明才智，将传统的牙雕、玉雕、石雕、木雕等表现形式和技巧结合运用到食品中来，使之逐步发展成为一项独特的工艺，深受人们的喜爱。水果切割造型能够联系实际生活，将生活中常见的水果通过切割添加等手法转变成各种造型，既提高了学生的造型能力、组合能力、动手操作能力，还能发散学生思维，陶冶学生情操。(图 6-5-1)

图 6-5-1

(1) 蔬果造型的特点

蔬菜和瓜果是人们生活中必需的食品之一。蔬果的刻制，既可以锻炼设计能力，也可以提高动手的技巧，还能丰富头脑中三维空间的想象力，使我们的生活更加丰富多彩。

制作蔬果造型的工具主要有小刀和牙签；材料以各种蔬菜、水果为主，可以适当添加植物种子及彩色纸等。

（二）蔬果造型的基本技法

1. 添加法

采用不破坏蔬果原造型，适当添加眼、鼻、手、嘴、耳朵、胡须等，充分利用蔬果原来的形状和色彩进行造型的方法。在制作时可以用牙签或双面胶把需要添加的部分固定。（图 6-5-2）

图 6-5-2

2. 切割添加法

蔬果主体上还可以进行切割变形，如，有时要依据设计把蔬果切出嘴，也有的要把蔬果切开只用一半，或剥皮后利用外皮进行加工设计。（图 6-5-3）

图 6-5-3

3. 切割、组合生长成型法

蔬果整体上还可以进行分离组合，有时要依据设计把蔬果在盘中里摆出各种图形。（图 6-5-4）

图 6-5-4

二、案例分析

活动名称：天鹅

（一）准备材料

一个苹果、盘子、刀子、牙签等。

（二）活动描述

小天鹅非常可爱，小朋友们非常喜欢，我们就用最安全的材料把它做出来。

（三）能力训练

1. 掌握天鹅的基本结构。
2. 能够用苹果雕刻组合出天鹅造型。

（四）活动过程

1. 把苹果切成三块，中间一块做头和脖子，剩下的两块留一块当底座。（图 6-5-5）
2. 还有一块再分成三部分，中间略大，旁边两块稍小一点。（图 6-5-6）
3. 把中间的大块苹果用刀雕刻出五层。（图 6-5-7）

图 6-5-5

图 6-5-6

图 6-5-7

4. 另外两块小的，利用苹果皮再雕出天鹅的翅膀形态。（图 6-5-8）
5. 把天鹅需要雕刻的部位都雕好备用。（图 6-5-9）
6. 在盘中里调整位置，组合完成作品。（图 6-5-10）

图 6-5-8

图 6-5-9

图 6-5-10

活动名称：迎客松

（1）活动描述

蔬菜和水果是生活中的必需品，通过对蔬菜和水果的切、雕、拼等设计既能提高学生的审美意识，又能培养学生的动手能力和色彩搭配能力。

（二）活动准备

西蓝花、茄子、西芹、西红柿、黄瓜、刀等。（图 6-5-11）

（三）活动训练

1. 培养观察、设计、创作、动手能力。
2. 提高色彩搭配能力及形象塑造能力。

（四）活动过程

1. 把茄子分开，注意一半可以稍微薄一些。用刀在较薄的一边茄子画出树干的造型并切下来。把茄子树干摆在事先准备好的纯白色盘子里。（图 6-5-12、图 6-5-13）

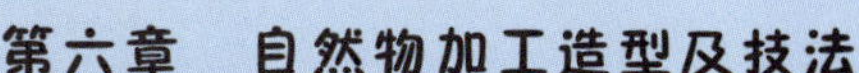

图 6-5-11

图 6-5-12

图 6-5-13

2. 先把大西兰花切成一小朵一小朵的，把小朵的西兰花对半切开。把西兰花按照树枝和方向和自己的想法摆出来。（图 6-5-14、图 6-5-15）

3. 把黄瓜斜着切成片，把切成片的黄瓜从长的三分之一处切断，用黄瓜片摆出草丛。（图 6-5-16、图 6-5-17）

图 6-5-14

图 6-5-15

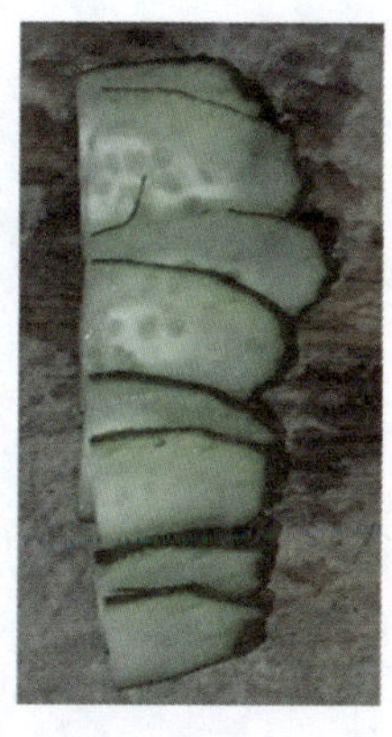

图 6-5-16

4. 把西红柿切成圆片和丝，拼出太阳。用芹菜和西红柿丝做出花朵，拼在草丛上，制作完成。（图 6-5-18）

图 6-5-17

图 6-5-18

三、作品欣赏

图 6-5-19

图 6-5-20

图 6-5-21

图 6-5-22

四、思考与练习

1. 用添加法和切割法创作一个蔬果动物组合造型。
2. 根据自己喜欢的插花形式美原则，创作一幅漂亮的插花作品。

第六节　秸秆插接造型

一、学海导航

知识与能力目标

了解秸秆材料的特点和基本造型方法。

过程与方法目标

通过制作案例，掌握秸秆造型的设计思路和制作方法。

情感、态度、价值观目标

激发学对造型活动的兴趣，培养学生美化生活、美化环境的意识。

一、基础知识

农作物的秸秆制作的各种工艺品十分普遍，既富有创意又环保美观。

秸秆插接造型的主要原料是高粱秆、麦秆、稻谷秆，造型的技法主要有劈、切、插接、粘、绑扎等。（图 6-6-1）

图 6-6-1

（一）秸秆插接造型的基本材料和工具

秸秆、大头针、胶、剪刀等

（二）秸秆插接造型的基本技法

1. 构思，自己想制作什么形体，在头脑中要有一个大轮廓，最好是画出来。

2. 选材，按照构思的内容选择合适的秸秆（粗细均匀、外观白净、无虫不腐）

3. 根据形象加工材料（如：截成段、剥皮、留穰、劈丝）；

4 连接成型，用大头针、细线或细铁丝将加工好的秸秆按顺序插接起来（大头针的尖不能外漏）也可在连接处涂抹乳胶，使成品更加牢固。

5. 固定美化，对不合要求的部分进行修改，保存。将各部分连接起来，。

用此种方法，我们还可以制作牙签粘贴画、筷子组画等形式的造型。

二、案例分析

活动名称：小蝴蝶

（一）活动描述

秸秆插接需要拼、接、粘等方式，在教学中可充分发挥幼儿的想象力和创造力，插接他们想要拼做的造型。

（二）活动过程

1. 选择粗细均匀、外观白净、不腐烂、无虫蛀的秸秆备用。

2. 用小刀割取一段秸秆瓤作为蝴蝶的身体，再截取一小段秸秆瓤作为蝴蝶的头，与身体横竖插接起来，用两小截秸秆瓤作触角与头部连接起来。（图 6-6-2）

图 6-6-2

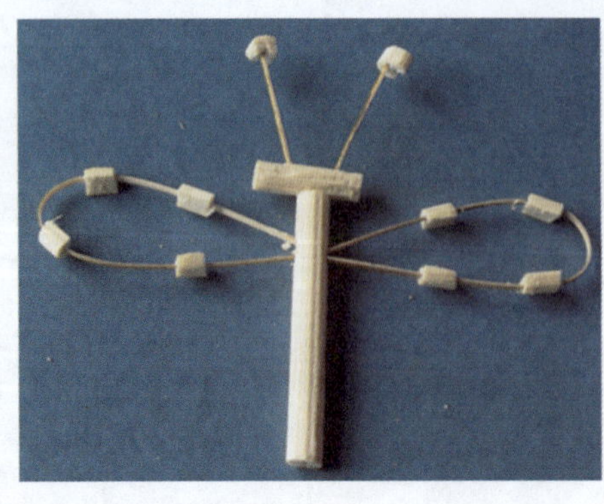

图 6-6-3

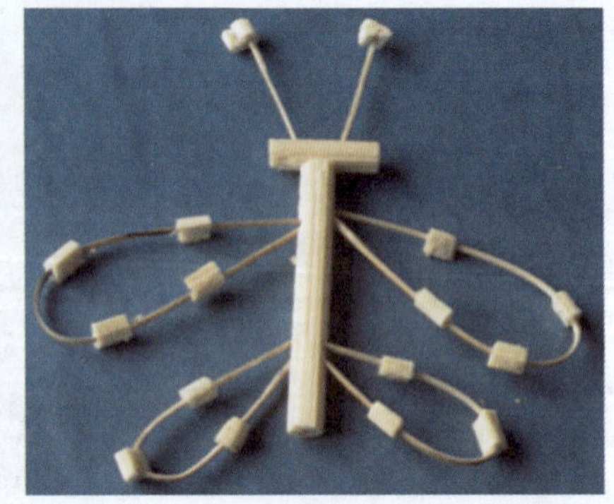

图 6-6-4

3. 用被水浸过的秸秆皮将小段的秸秆瓤串联起来，弯折成蝴蝶的形态，插接在蝴蝶身体的两侧，做成了一对翅膀。(图 6-6-3)

4. 再用相同的方法制作出蝴蝶的另一对翅膀，翅膀的形态要美观、对称。(图 6-6-4)

5. 适当进行装饰美化。

活动名称：带水车的笔筒

（一）活动描述

秸秆是一种较常见的材料，焚烧秸秆会造成环境污染，所以可利用秸秆来呈现学生生活中可以用到的物品或者看到的物品，发挥学生的想象能力和动手操作能力 。

（二）活动准备

白乳胶、剪刀、秸秆、橡皮筋、大头针等。

(1) 训练能力

1. 搭配秸秆粗细的能力；

2. 依据想象物品完成秸秆插接的造型并得到能力的提升。

（四）活动过程

1. 准备做好秸秆插接的材料与工具，将秸秆剪成所要使用的长度。(图 6-6-5)

2. 按自己的构思开始组装，用胶和大头针将其固定。(图 6-6-6)

3. 继续重复以上的步骤。(图 6-6-7、图 6-6-8)

4. 调整直到完成作品。(图 6-6-9、图 6-6-10)

图 6-6-5

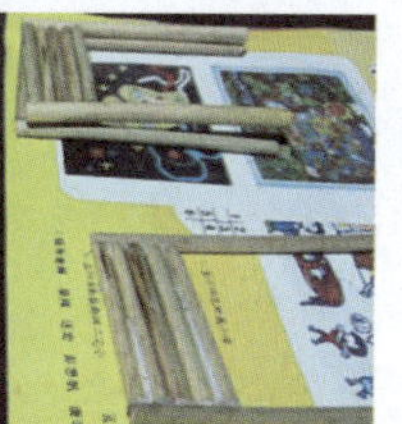

图 6-6-6

图 6-6-7

图 6-6-8

图 6-6-9

图 6-6-10

三、作品欣赏

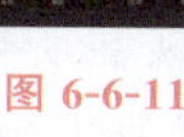

图 6-6-11

图 6-6-12

图 6-6-13

图 6-6-14

图 6-6-15

四、思考与练习

设计制作一件秸秆插接造型。

第七节　传统工艺造型

一、学海导航

知识与能力目标

通过学习，了解民族民间传统竹木工艺种类、特点和文化价值。

过程与方法目标

了解风筝的结构特征，掌握风筝制作的的基本做法，放飞制作的风筝。

情感、态度、价值观目标

了解传承传统手工艺品的意义，增强对传统工艺的兴趣，形成传承传统文化的责任与信念。

一、常见的传统竹木工艺品

风筝、灯笼、扇子、拨浪鼓、竹蜻蜓等都是我国民间常见的竹木工艺品，随着时代的进步，科技的发达，现在这些纯手工的艺术品在日常生活中已经越来越少见，取而代之的是一些电子类的高科技产品，本节我们将跟随古人的智慧，熟悉了解中国民间传统竹木工艺造型。

（一）风筝

“儿童放学归来早，忙趁东风放纸鸢”，诗句中的纸鸢就是我们现在所说的风筝，风筝起源于中国，而后广传于全世界，是一种传统的民间工艺品，最早出现在春秋战国时期，历史悠久。

风筝种类繁多，造型多以鸟类、蝴蝶、鱼类、龙凤为主，色彩鲜艳，是大人孩子非常喜爱的户外亲子玩具，阳春三月，草长莺飞，带着风筝到户外踏青游玩，既能锻炼身体，又能增进父母和孩子的感情。小朋友们都非常喜欢放风筝，老师们可以学会简单风筝的制作工艺，然后教给同学们。（图 6-7-1）

图 6-7-1

（二）灯笼

灯笼与中国人生活息息相连，庙宇中、客厅里，处处都有灯笼。中国传统节日春节、元宵节前后，人们都会挂起象征团圆的红灯笼，来营造一种喜庆的氛围。后来灯笼就成了中国人喜庆的象征。（图 6-7-2）

图 6-7-2

1. 宫灯

东汉光武帝刘秀建都洛阳、统一天下后，为了庆贺这一功业，在宫廷里张灯结彩、大摆宴席，盏盏宫灯，各呈艳姿。“宫灯”之名，由此而生。（图 6-7-3）

图 6-7-3

2. 纱灯

纱灯，是我们日常生活中最常见的灯笼，即用薄纱糊成的灯笼。古时大都用竹制灯架，蜡烛照明；现多钢丝制作灯架，电灯泡照明。（图 6-7-4）

图 6-7-4

3. 卡通灯笼

卡通灯笼比较适合幼儿园环境装饰使用，造型卡通可爱，小朋友们很喜欢，老师可以带领小朋友动手制作卡通灯笼，锻炼小朋友的动手能力，了解古人的智慧，熟悉中国传统手工艺品。（图 6-7-5）

图 6-7-5

（三）其他传统竹木手工艺品

除了风筝、灯笼等常见竹木工艺品之外，还有很多逐渐消失的手工艺品，如竹蜻蜓、拨浪鼓、木扇等。（图 6-7-6 到图 6-7-8）

图 6-7-6

图 6-7-7

图 6-7-8

二、案例分析

活动名称：小竹篮

（1）活动描述

竹子是常见的植物，竹篮子能够给人们的生活带来便利，自己制作来制作一个小篮子吧！

（2）活动准备

剪刀、小竹条、大竹条、绳子、钉子、大头针、线等。

（三）训练能力

培养细心和动手操作的能力。

（四）活动过程

1. 拿出 5 个大竹条，交叉在一起，然后用钉子固定起来，然后用绳子挑一压一，把底盘固定好。（图 6-7-9、图 6-7-10）

图 6-7-9

图 6-7-10

2. 把做好的底盘放在水盆中。（图 6-7-11）

3. 把底盘拿出来，然后平行的大竹条向上压。（图 6-7-12）

图 6-7-11

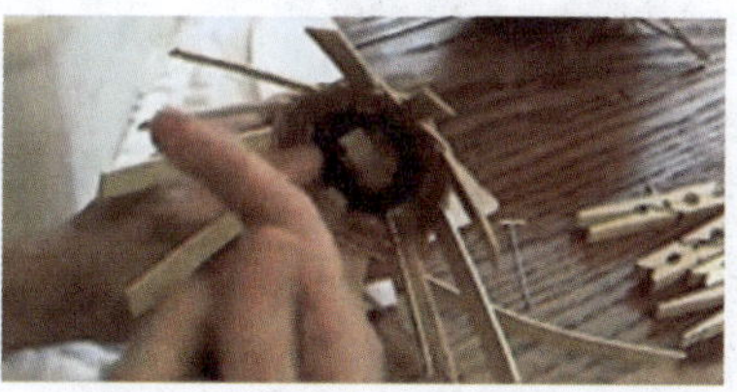

图 6-7-12

4. 拿出小竹条，然后绕着大竹条一里一外，慢慢缠绕大竹条，最后到达一定高度就结束。（图 6-7-13）

5. 用针穿好线，把最上面的小竹条用大竹条包起来，然后固定。将突出的大竹条剪掉，小竹篮的制作完成。（图 6-7-14）

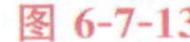
图 6-7-13

图 6-7-14

活动名称：制作风筝

（1）活动描述

风筝是一种非常细化的玩具，利用一些竹片、纸张等材料就能风筝，它的制作技术要求比较高，我们可以通过合作探究去完成这个任务。

（2）活动准备

切割均匀的薄竹片、白纸、颜料、浆糊、大小合适的棉绳等。

（3）能力训练

1. 掌握传统风筝的基本做法。
2. 传承了中国传统文化，锻炼了审美的眼睛。
3. 培养了学生的耐心，提高学生的动手实践能力。

（4）活动过程

1. 把细木棍或竹棍搭建成一个风筝的轮廓。注意接口处用线绑牢。细棍上也可以包裹一层纸，方便一会儿贴封面。（图 6-7-15）

2. 为风筝贴封上纸制或油布封面，根据个人喜好选择图案，注意粘贴的时候要牢固。（图 6-7-16、6-7-17）

图 6-7-15

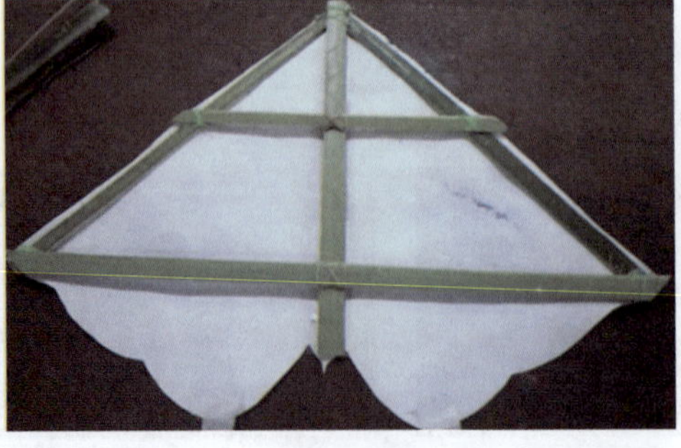
图 6-7-16

图 6-7-17

3. 为风筝做两条尾巴，有了尾巴，风筝在空中容易保持平衡，就飞的更平稳了。(图 6-7-18)

4. 除了图片展示的形状，还可以做成三角形、菱形等等，方法差不多，只是形状稍有变化。(图 6-7-19)

5. 为风筝绑线和试飞，线最好用牢固一点的，飞高了好收回来。绑线的位置可能会影响风筝起飞，所以要注意调整。(图 6-7-20)

图 6-7-18

图 6-7-19

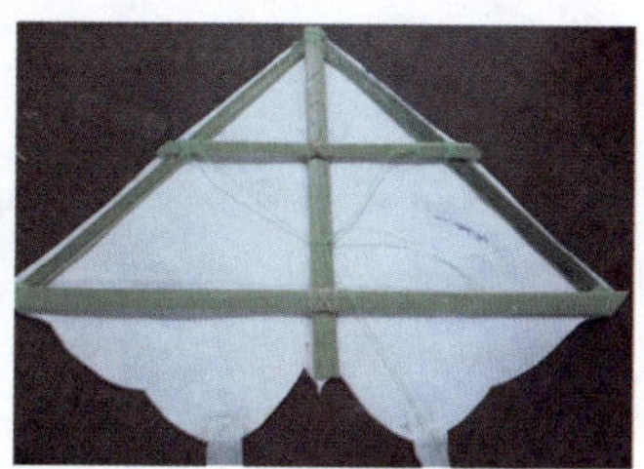

图 6-7-20

三、作品欣赏

图 6-7-21　图 6-7-22　图 6-7-23

四、思考与练习

1. 搜寻更多中国传统竹木工艺品图片，了解它们的制作工艺。
2. 利用身边材料，动手制作传统竹木工艺品。

第七章　人造物加工造型及技法

对废弃物再利用，首先要对所用物品进行重新审视，一般来讲，对物品的利用可体现在以下几个方面：

一、材质

加工方法必须建立在对材料特性了解的基础上，凡是违背材料特性的结构方式，都会使制作过程变得复杂化和破坏材料的美感。

二、形态

在动手对原物品进行改造之前，要首先观察物品在单独、分解或组合使用时构成某种形态的可能性。一般来讲，原有形态利用的程度越高，新造型也就越巧妙生动。

三、肌理

肌理是材料在表层细节上的特征。很多材料的表面肌理本身就具有很强的装饰性，如木材的纹理、编织物的纹路等，在造型中，要尽可能防止被掩盖。

四、色彩

物品本身的色彩是通过特定的材质或天然形成的，比用色料施色更具有自然天成的理想效果。所以一般应从它们自身的色彩出发来组织造型，有些情况下再辅以手工着色。

废弃物再利用的设计要充分体现技术美、功能美、形式美与材质美。创作、设计的构思来源于生活。从生活中的实物，联想到用适当的废旧材料进行实践、制作，这种方法称为联想法。再一种设计方法为命题法，即确定内容，如“会动的机器人”，材料是各种形状的纸盒、包装纸等，进过材料的收集、拼摆组合而成。也有的时候偶然得到一些材料，如买电器后丢弃的包装箱、煮玉米剥下的一堆玉米皮等，这时可能产生了用这些材料能做些什么的想法，称之为材料法。除此之外还有参照千人的作品进一步充实、完善的修改完善法等。

第一节　线材造型

一、学海导航

知识与能力目标

了解线材造型的特点、基本技法等知识。

过程与方法目标

制作线材作品，掌握线材造型的基本技法。

情感、态度、价值观目标

丰富审美感受，增加学生学习纤维工艺的兴趣。

一、基本知识

（一）线材造型的特点

运用均匀统一的线条，是装饰画常用的表现手法之一。这种线条力求规整，以柔和优美的曲线或刚劲挺拔的直线为主。这种由线条组成的画面，给人以特有的图案装饰效果，体现了一种庄重悦目的韵律美感。

（二）线材造型的基本技法

1. 彩线贴画

彩线包括毛线或棉线等，是一种不易变质的材料。彩线贴画要充分利用其绚丽的色彩、可粗（合股）可细（单股）的特性，可以组成面也可单线构成特有的韵律。（图 7-1-1、图 7-1-2）

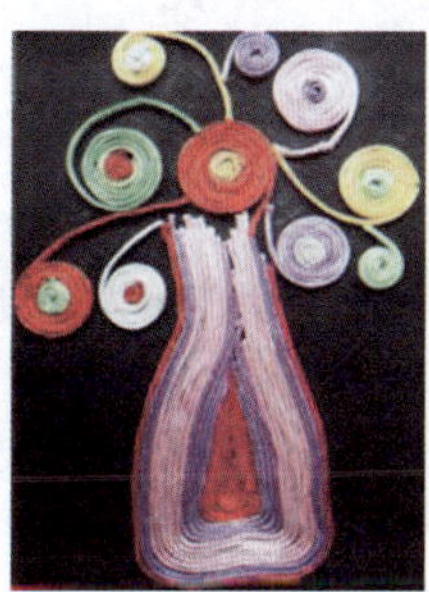
图 7-1-1

图 7-1-2

2. 金属丝贴画

用铜丝、铝丝、铁丝或电线作材料粘贴而成的画面叫金属丝贴画 。由于这些材料的质感属性，因此所构成的作品给人以华丽感和具有较强的立体效果。需注意的是粘贴这些金属丝需要较强的胶。（图 7-1-3、图 7-1-4）

图 7-1-3

图 7-1-4

3. 金属丝立体造型

用一笔画的方法，抓住形象特征进行立体表现。为了使作品牢固，可在适当的部位绕接，注意把金属丝的首、尾尽量藏起来。（图 7-1-5、图 7-1-6）

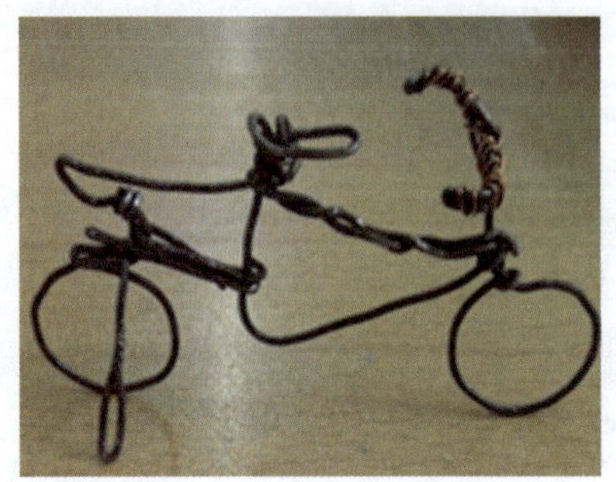

图 7-1-5

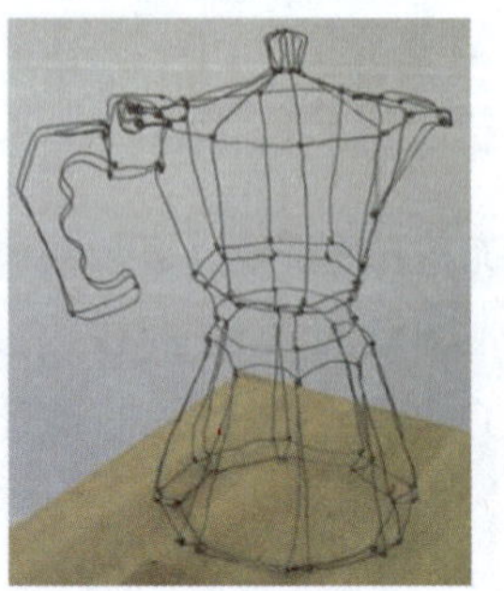

图 7-1-6

二、案例分析

活动名称：绒线绕绕

（一）活动描述

绒线造型的制作难度适中，非常适合初学者，通过绒线和自己的双手就能制作出各种美丽的绕线造型，可激发学生的学习手工的兴趣。

（二）能力训练

1. 掌握绕线造型的基本方法。
2. 利用基本方法创作更多绕线造型。

（三）活动过程

1. 剪一个带锯齿的圆形卡纸作底版。（图 7-1-7）
2. 用彩线在锯齿上相隔 3—5 个锯齿进行缠绕，以此绕完一整周。（图 7-1-8）
3. 用绕线的方式制成个性相框，把自己的照片贴在上面。（图 7-1-9）

图 7-1-7

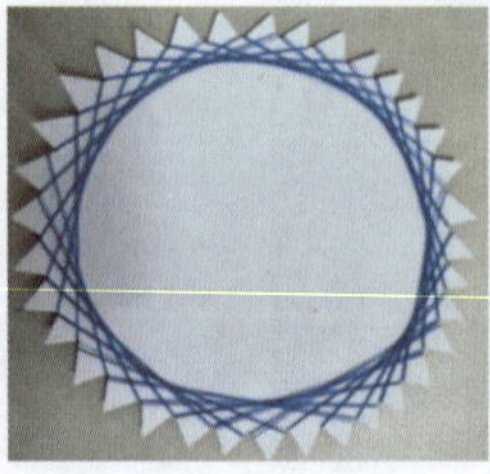

图 7-1-8

图 7-1-9

活动名称：小星星

（一）活动准备：纸条、五彩线

（二）活动过程：

1. 用薄硬纸裁成宽 2 厘米，长 14 厘米的七个正方形的带条状。（图 7-1-10）

2. 并连续折叠若干个等腰三角形，并按图连续包合约三层左右，最后剪去一个三角形，将剩下的一个三角形插入两个三角形的夹缝内，即成六面体的“粽子”。（图 7-1-11、图 7-1-12）

3. 用五彩线扎绕，也可以在外面包一层彩色金银或装饰纸。（图 7-1-13、图 7-1-14）

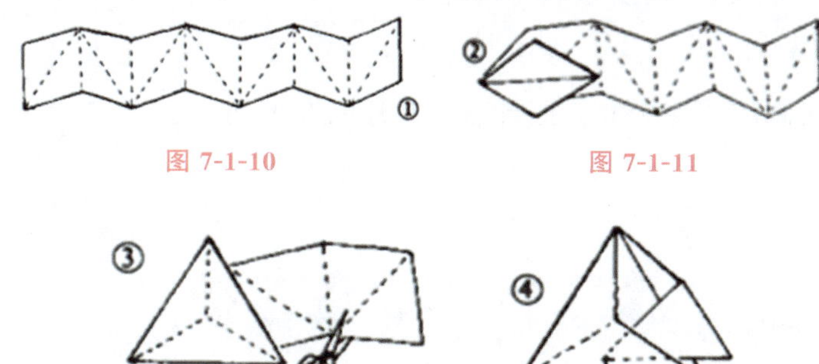

图 7-1-10　图 7-1-11

图 7-1-12

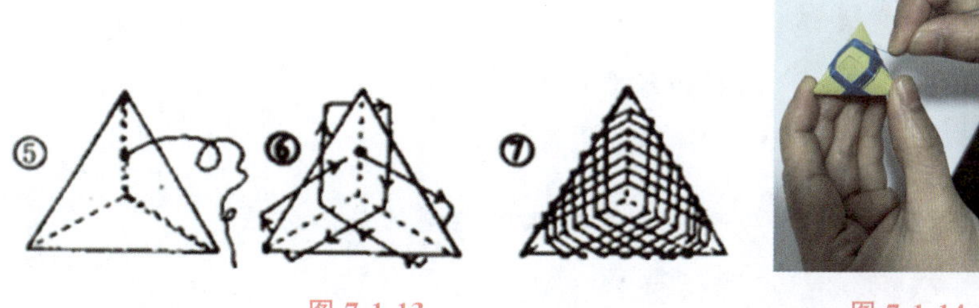

图 7-1-13　图 7-1-14

三、作品欣赏

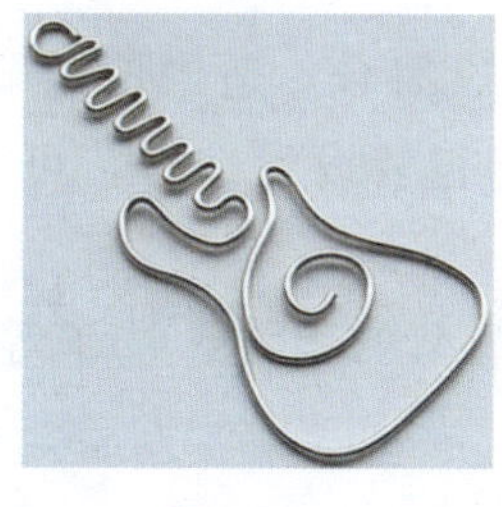

图 7-1-15

图 7-1-16

图 7-1-17

图 7-1-18

图 7-1-19

四、练习与思考

用绕线的方式制成个性像框，把自己的照片贴在上面。

第二节　纸盒造型

一、学海导航

知识与能力目标

让学生认识不同形状、色彩的纸盒的利用价值。

过程与方法目标

围绕纸盒造型进行设计与制作，掌握纸盒造型的基本方法。

情感、态度、价值观目标

激发学生对设计、制作活动的兴趣增强创新意识。

一、基础知识

纸盒造型设计是在构思的基础上巧妙地选择、组合，适当地把某些部位进行改造、变形，最后装饰美化而完成的。纸盒造型可用于包装设计造型，可以让幼儿在游戏中学习，可做花盆、搭建宠物窝等。（图 7-2-1）

纸盒造型在生活中也可用于收纳，如纸盒造型的笔筒、袜子等小物件的收纳格、用废弃的纸盒做成储物柜等。（图 7-2-2）

图 7-2-1

图 7-2-2

（一）纸盒造型所用到的材料

各种各样的纸盒、剪刀、胶水等。

（二）纸盒造型的基本技法

把收集到的纸盒按照自己的构思设计，经过选择、组合，像搭积木一样可以制作出机器人、动物、建筑、交通工具等不同的造型。先完成组合结构，接下来是连接、插接或粘合，要使作品粘合牢固，最后根据需要进行装饰、美化，制作成设计的造型。

为了使作品更生动、富于变化，往往一件作品需要多个不同或相同形状、大小的纸盒进行组合造型。组合的过程即设计构思的过程，要反复拼摆逐步完善，一些需要的形体，如圆柱体、圆锥体等，也可以用纸盒和卡纸制作。（图 7-2-3）

图 7-2-3

二、案例分析

活动名称：纸吉它

（1）活动描述

在教学中，不仅可以利用剪、贴、折、画等方式制作纸盒装饰品，培养幼儿的动

手能力，还可以结合游戏制作纸盒游戏器具等，让幼儿在游戏中学习。

（2）活动准备

鞋盒、纸筒、剪刀、胶水、细棉线、油性笔等

（3）活动过程

1. 用剪刀把长纸筒一端剪两条两厘米的切口，另一端剪 8—10 条切口。（图 7-2-4）

2. 把纸筒一端的切口涂上白乳胶。（图 7-2-5）

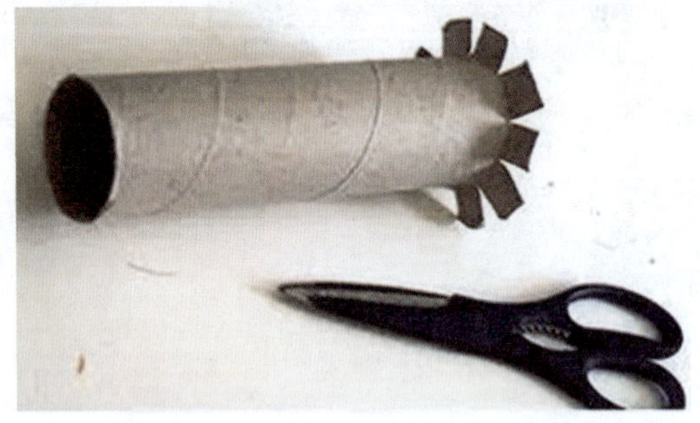

图 7-2-4

图 7-2-5

3. 把长纸筒和一个掏了洞的鞋盒组合在一起。（图 7-2-6）。

4. 纸筒的另一端剪口插接一张梯形纸壳。（图 7-2-7）

5. 用棉线当弦，绘制装饰花纹，完成制作。（图 7-2-8）

图 7-2-6

图 7-2-7

图 7-2-8

三、作品赏析

图 7-2-9

图 7-2-10

图 7-2-11

图 7-2-12

图 7-2-13

四、思考与练习

利用生活中常见的鞋盒、牙膏盒、药盒等，设计制作一个装饰品。

第三节　瓶罐造型

一、学海导航

知识与能力目标

了解瓶罐不同造型及特征。

过程与方法目标

学会在画面中正确取材、用材。

情感、态度、价值观目标

培养学生的观察能力和对构图的审美能力。

一、基础知识

可乐瓶、易拉罐从形体上看属于块材，剪开展平后变为板材，再加工还可变为线材。如果利用不同的构思就可以制成各种人物、动物等造型。

（一）瓶罐造型的特点

一般的塑料瓶不仅成本低，而且不易破碎安全性高，透明度也高，颜色可多变，将这类材料应用于教学中，幼儿不仅能动手、动脑，更能提高幼儿的审美。

易拉罐、塑料瓶等是生活中常见的用品，作为常见废旧材料，还可以通过改造来美化生活。（图 7-3-1）

图 7-3-1

（二）瓶罐造型的基本技法

塑料瓶、金属罐一般呈圆柱状，壁薄而软，便于加工，只需要选择适合塑料、金属的强力胶。

1. 利用一至两个可乐瓶底做头，用一个饮料罐做身体，适当装饰眼、嘴、头发，一个可爱的娃娃就完成了。

2. 用彩纸做面具设计，再把它们粘在用若干个可乐瓶联接的柱子上就可成为一个图腾柱。

3. 利用易拉罐的易于剪裁可制成插接动物造型，选取适合的底板还可制成浮雕装饰作品。

4. 另外与可乐瓶、点心盒等有机地组合还可制成多种造型。

二、案例分析

活动名称：金鱼

（1）活动描述

可乐矿泉水瓶在生活中随处可见，让我们利用瓶盖、瓶身与瓶底的特性可以设计制作一条可爱的金鱼吧！

（二）工具材料

矿泉水瓶、塑料瓶、剪刀、美工刀、透明胶等。（图 7-3-2）

（三）活动过程

1. 用剪刀和刀片小心地把瓶子的上部切割下来，把两个瓶头插好。（图 7-3-3）

2. 用瓶盖、黑卡纸及白卡纸制作鱼眼睛。（图 7-3-4）

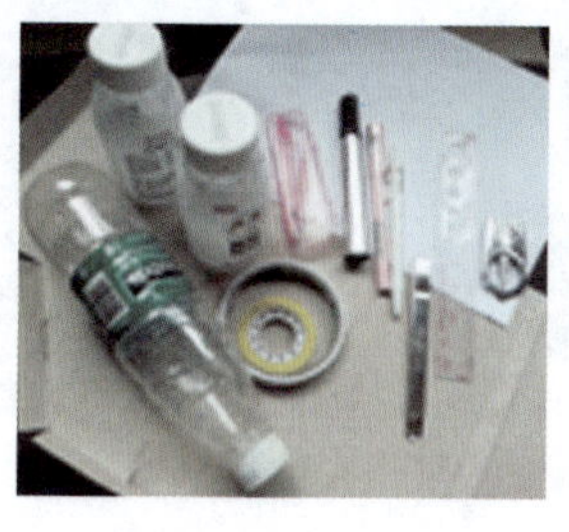
图 7-3-2

图 7-3-3

图 7-3-4

3. 瓶盖插接作为金鱼的眼睛，在鱼头上面插入鱼鳍。(图 7-3-5)

4. 用矿泉水瓶身剪成金鱼的身体优美的弧线。(图 7-3-6)

5. 把鱼尾插入鱼头即可完成。(图 7-3-7)

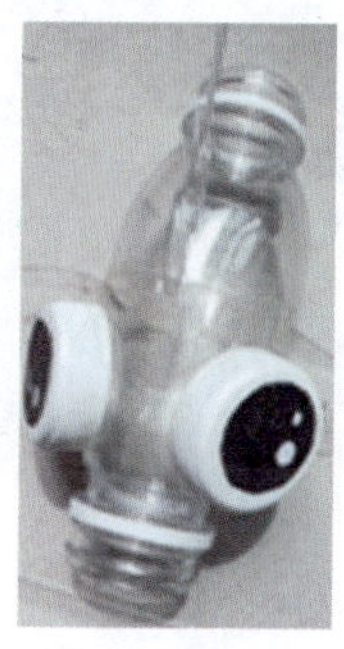

图 7-3-5

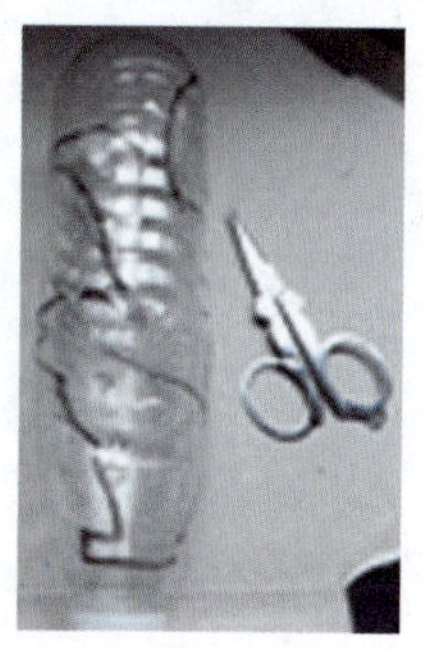
图 7-3-6

图 7-3-7

活动名称：易拉罐做狮子

(1) 活动描述

如今环保是当今社会重要的主题，我们把废旧易拉罐回收利用，做成手工作品。

(2) 活动准备

易拉罐、美工刀、剪刀、油性笔等。

(3) 训练能力

1. 培养废物利用和发现美、创造美的能力。

2. 增强爱护环境的意识。

(四) 活动过程

1. 准备好易拉罐、剪刀、胶水等(废旧易拉罐洗净)。(图 7-3-8)

2. 把用美工刀把罐身分为两部分，把前半部分小心的用剪刀剪成条状。(图 7-3-9)

3. 把建好的条状用圆笔杆进行卷曲，制作狮子头部。(图 7-3-10)

4. 把罐身后半部剪切后卷曲，制作成狮子的身体。(图 7-3-11)

5. 把两部分罐体进行组合，在适当的位置画上眼睛，翻折拉环，完成头部装饰。可爱的小狮子的制作完成。(图 7-3-12)

图 7-3-8

图 7-3-9

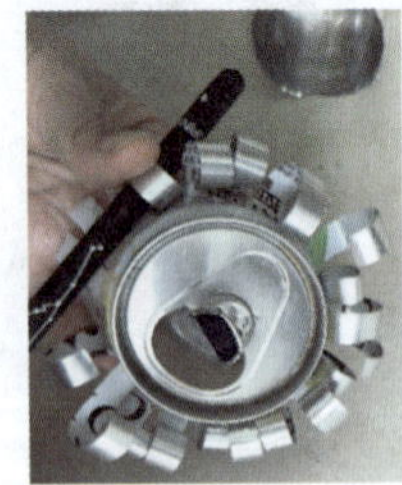
图 7-3-10

图 7-3-11

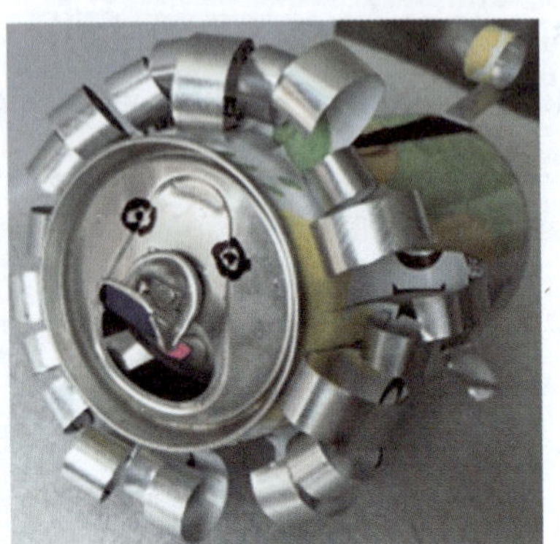
图 7-3-12

三、作品赏析

图 7-3-13

图 7-3-14

四、思考与练习

选择生活中的矿泉水瓶、奶瓶、易拉罐等设计制作一件装饰造型作品。

第四节　废旧织物造型

一、学海导航

知识与能力目标

熟悉材料的用途、来源和特点。

过程与方法目标

了解废旧纺织物，学会对纺织材料进行研究创造。

情感、态度、价值观目标

体会科学技术的进步和发展。

一、基础知识

在人们的日常生活中，废弃的毛线、布头、丝袜等取之不难。纺织物中最理想的是有伸缩性及有一定厚度的纺织品，厚的毛织品、毛巾、毛发也常用到。这些纺织物的质地和色彩，是创作利用的好材料。利用废旧纺织物不但可以做富有装饰性的壁挂、布老虎和其它小动物，还可以制作形态各异的布娃娃。生活中的纺织废旧品，不仅可以用它来装饰生活，还可以培养我们利用生活中常见的东西创造美的良好习惯。

在教学中可以选择简单的布贴画、布绒挂壁、毛线贴画等进行教学，让幼儿在娱乐的氛围中学习，通过剪、撕、粘等方式，分成小组动手，培养幼儿动手能力、互帮互助的美德，提高环保意识。（图 7-4-1）

图 7-4-1

（一）废旧纺织物造型所用到的材料和工具

布头、丝袜、缝衣针、大头针、各种颜色线、剪刀、乳胶、筷子和纺织物等。

（二）废旧纺织物造型基本技法

1. 设计造型后画出纸型。

2. 注意剪裁时要留出 5－8 毫米的缝纫边。

3. 用布做娃娃的头型时，可在缝制后，内填膨松棉、碎布、棉花等，也可用兵乓球、药丸秋作基形，外面包上丝袜，再在上面制作五官。

4. 可用毛线卷在厚纸上用吹风机吹热定型后做头发，可用纽扣、亮片做眼睛，用粉红色布缝上腮红等。

这些纺织物品种多，通过精心设计，一定会制作出富有创意和趣味的作品。

二、案例分析

活动名称：小毛娃

（一）活动描述

小毛娃制作步骤十分简单，很适宜幼儿的小手的操作，是集制作和游戏为一体的活动 。

（二）活动过程

1. 准备各色废弃毛线、剪刀，在纸上画几双可爱的大眼睛。（图 7-4-2）

2. 把毛线在手上缠绕 20－30 圈，摘下了捆绑好，贴上眼界即可完工。（图 7-4-3）

图 7-4-2

图 7-4-3

活动名称：娃娃盒

(1) 活动描述

生活中有很多废弃的材料，废布、袜子等取材易得，收集起来就可以制作一个娃娃盒了。

（二）活动准备

纸盒盖、棉花、袜子、废布、剪刀、针线等。

（三）活动过程

1. 把棉花装入肉色丝袜内。（图 7-4-4）
2. 调整好头型，绘画五官。（图 7-4-5）
3. 用褐色线做头发，把袜子颈翻过来盖好。（图 7-4-6）

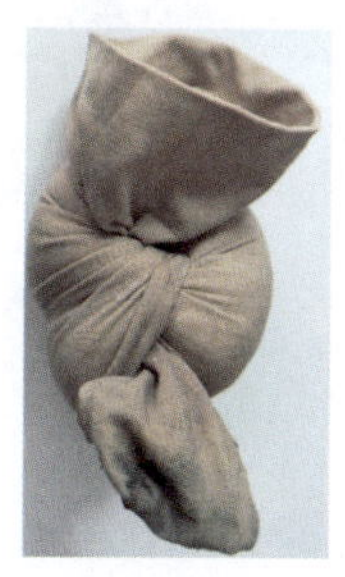

图 7-4-4

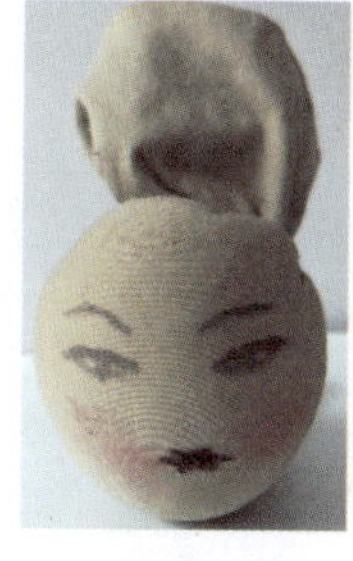

图 7-4-5

图 7-4-6

4. 把纸盒盖摆放在布中间，再废布的边缘用平针法先缝一圈。（图 7-4-7）
5. 纸盒盖中间填入棉花，用针拉紧线，把娃娃盒的身体做好备用。（图 7-4-8）
6. 把娃娃头和身体组装在一起。（图 7-4-9）

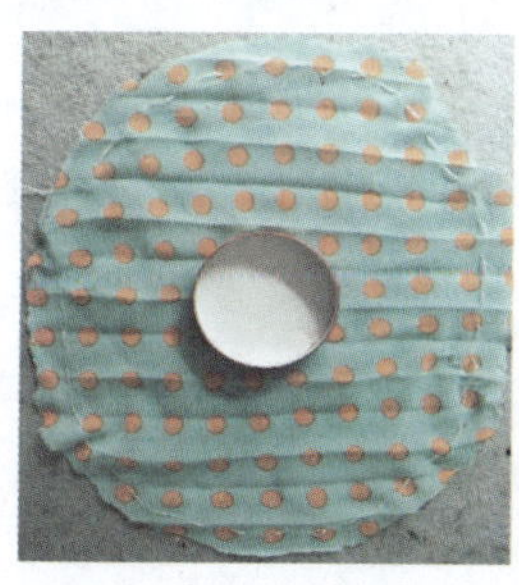

图 7-4-7

图 7-4-8

图 7-4-9

三、作品赏析

图 7-4-10

图 7-4-11

四、作业布置

选用旧手套、袜子、毛巾、衣服等材料，利用捆扎、填充、剪切、缝纫、装饰等方法制作一件布艺小品。

第五节 泡沫塑料造型

一、学海导航

知识与能力目标

了解制作泡沫塑料造型的基本材料和工具。

过程与方法目标

学会用泡沫制作各种造型，掌握制作方法。

情感、态度、价值观目标

培养环保意识，加强变废为宝的概念。

一、基础知识

泡沫塑料是一种包装材料，组织结构细密、密度均匀性、不易变形收缩，是理想的模型材料。颜色洁白，质地松软，易切削打磨，手工加工即可，常规切割打磨工具均可操作。

（一）泡沫造型的基本材料和工具

泡沫塑料、镊子、胶、大头针、刻刀等。

（二）泡沫造型的基本技法

泡沫塑料的加工可用锋利小刀切削，也可用电热丝切割，还可用手撕，适合制作人物、动物、家具、车、船模型，制作建筑模型更为适宜。

二、案例分析

活动名称：小海豚

（一）活动描述

在教学中应用泡沫塑料做造型，在动脑思考、动手实践操作的过程中需要幼儿大

胆、细心，提高幼儿想象力和创造力。

（二）活动过程

1. 选择合适的泡沫砖，按照模型的体积大小用锯条或刀切出大形体。（图 7-5-1）

2. 在泡沫砖大型上绘出细节图。（图 7-5-2）

图 7-5-1

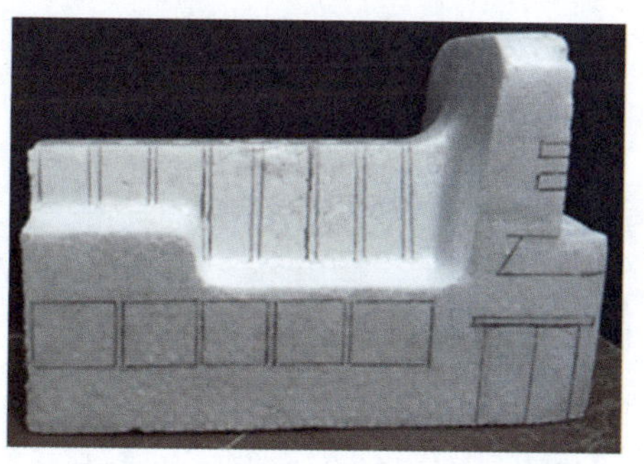

图 7-5-2

3. 用吹塑纸切割出模型外部的墙面、屋顶等面形，做好门窗固定在外面做为装饰。有些外形可用大头针插入泡沫以固定吹塑纸，也可用双面胶或乳白胶粘接。（图 7-5-3 到图 7-5-5）

4. 模型完成，也可以根据需要涂上颜色。（图 7-5-6）

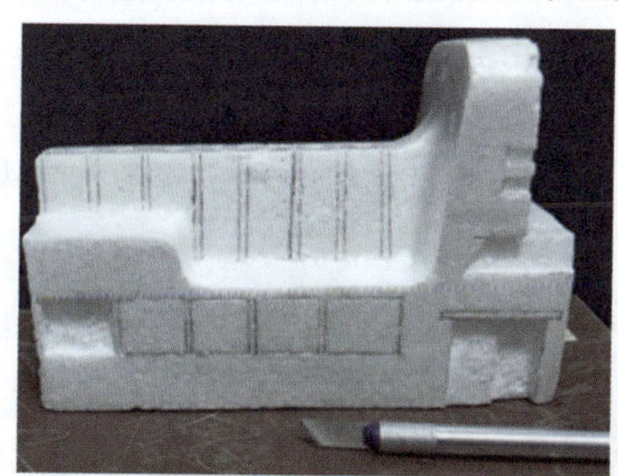

图 7-5-3

图 7-5-4

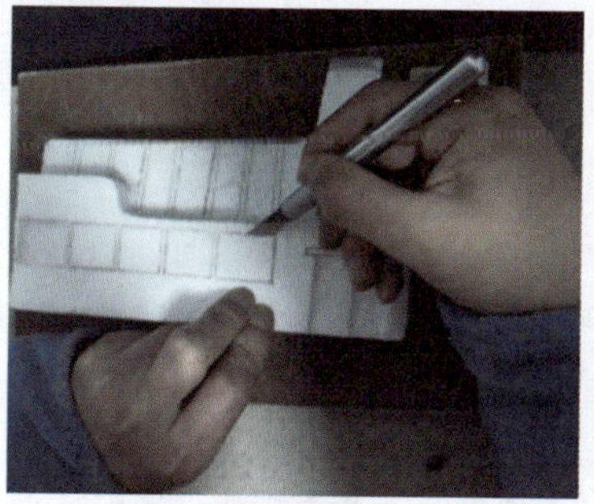

图 7-5-5

图 7-5-6

活动名称：小海豚

（一）活动描述

泡沫塑料是家里很常见的物品，我们可以废物利用，通过切割泡沫塑料的形式来表现学生喜爱的小物件。

（二）活动准备

泡沫塑料（硬），刻刀（或小刀），美术纸，铅笔，橡皮等。

（三）训练能力

1. 加强动手操作，手脑协调能力 .
2. 将平面图形转化为立体的能力（提高立体感）。
3. 训练学生的专心度和耐心度以及细心度。

（四）活动过程

1. 先准备好所需要的材料与工具。

2. 选择自己喜欢的一张图片作为参考，并准备两张画纸，用纸比作泡沫大小画个图。（图 7-5-7）

3. 把稿子形剪下来放泡沫上，用刀刻出大概形状。（图 7-5-8）

4. 削掉大型，细节刻画时要注意一步一步来，不可心急粗心，不然泡沫塑料很容易会破掉。（图 7-5-9）

6. 继续细心刻画，刨圆润，展示最后成品。（图 7-5-10、图 7-5-11）

图 7-5-7

图 7-5-8

图 7-5-9

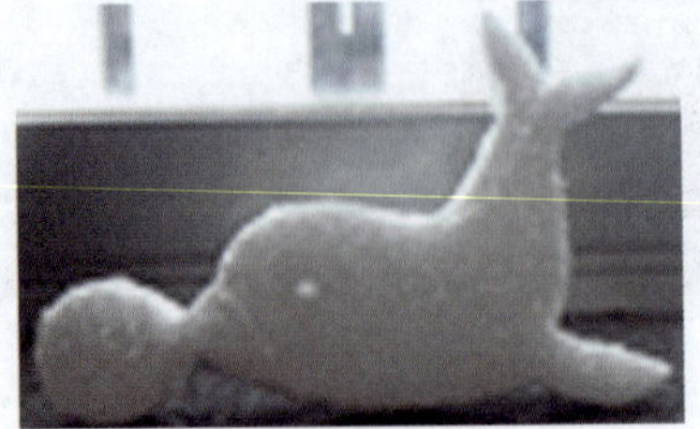
图 7-5-10

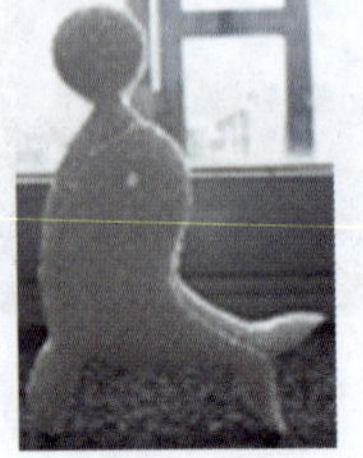
图 7-5-11

三、作品赏析

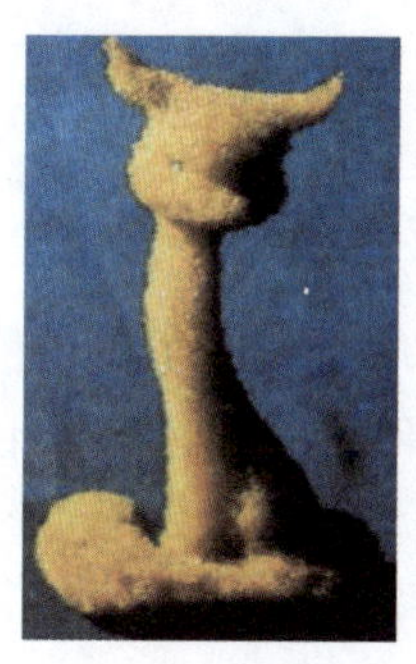
图 7-5-12

图 7-5-13

图 7-5-14

四、思考与练习

1. 泡沫材质的特点，用什么工具加工比较合适？

2. 利用废旧泡沫塑料设计制作一个你喜欢的作品或装饰品，并为自己的作品起一个名字。

第六节　木质材料综合造型

一、学海导航

知识与技能目标：了解常见的木质材料，熟悉它的木制工艺品，知道木质材料的使用性质。

过程与方法目标

通过学习，能利用生活中常见的木制材料完成手工装饰品。

情感、态度、价值观目标

提高学生的动手能力和创作激情。

一、基础知识

木片、刨花、木屑、树叶、树枝、树皮、火柴杆、铅笔屑等，都可用来拼贴装饰画。这些材料，其色彩丰富而变化微妙，如运用得恰到好处，则能收到意想不到的装饰效果。

（1）木质材料造型的特点

除了上述介绍的各种木质材料可以用来创作手工作品，还有一次性筷子、雪糕棒

等材料同样可以利用，如果以几种材料相结合，创作出来的作品可塑性更强，层次内容会更丰富，视觉效果更佳。

（二）木质材料造型的基本技法

1. 铅笔屑造型

铅笔屑是削铅笔时产生的废弃物，一般情况下就丢弃掉了，但是仔细观察，铅笔屑的造型是连钱续的波浪线状，很有装饰的效果，且彩铅的铅笔屑外边缘颜色非常丰富，能在拼贴过程中达到意想不到的效果。如可爱的小动物、漂亮的裙子等。（图 7-6-1、图 7-6-2）

图 7-6-1

图 7-6-2

2. 火柴拼贴画

火柴可以连成线或排成面，并可根据需要剪成不同的长度。因此很容易造型，比如如自行车的车梁可连线组成，而车轮和车座则剪成不同的长度，排成面，既有疏密对比，又形象逼真。（图 7-6-3、图 7-6-4）

图 7-6-3

图 7-6-4

3. 树叶、树枝、树根的造型

树木作为日常生活中最常见的植物，因其取材方便，造型多样，就成为手工作品中最常用的素材。各种形状的树叶，可以根据各自的特点用来塑造不同的形象；长短不一、造型多样的树枝，可以做立体装饰品，肌理各不相同的树皮、繁复冗杂的根系等都可以创作出各种艺术作品。（图 7-6-5 到图 7-6-7）

图 7-6-5

图 7-6-6

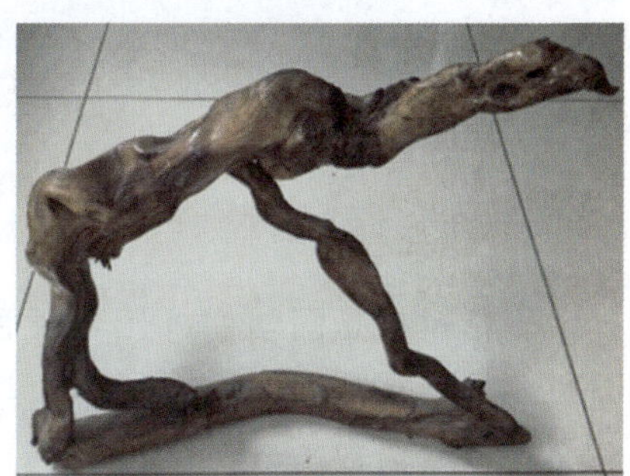
图 7-6-7

二、案例分析

活动名称：圣诞树

（1）活动描述

雪糕棍是同学们常见的生活废弃物，我们可以把它收集起来，通过造型拼贴，完成一幅漂亮的手工作品。

（2）能力训练

以雪糕棍为主要材料，再结合本节中提到的各种材料，如铅笔屑、火柴、树木、果壳，一次性筷子等，通过切割、拼贴造型，提高动手创造力。

（3）材料准备

雪糕棒、颜料、卡纸、剪刀、胶水、麻绳、超轻黏土、糖果等。

（4）活动过程

1. 把雪糕棒裁剪成不同长短，用来做圣诞树的树冠。（图 7-6-8）

2. 给雪糕棒用颜料涂上需要的颜色，圣诞树的树冠可以涂深绿色，树干涂棕色。图 7-6-9）

3. 等颜色完全干后，按圣诞树的造型把雪糕棍粘贴到卡纸上面加上圣诞树的小装饰品。（图 7-6-10）

4. 根据需要，还可以添加其他物品。

图 7-6-8

图 7-6-9

图 7-6-10

活动名称：木头人

（一）活动描述

干枯树枝是同学们外出常见的到东西，我们可以把它收集起来，通过造型拼贴，完成一幅漂亮的手工作品。

（5）能力训练

以树枝为主要材料，通过切割、拼贴造型，提高动手创造力。

（6）材料准备

树枝、剪刀、锯子、钉子、锤子、白乳胶等。

（7）活动过程

1. 收集各种大小的树枝。（图 7-6-11）
2. 按设计锯出各种大小长短尺寸的木段备用。（图 7-6-12）
3. 用钉子固定身体和下肢，用白乳胶粘好小木人眼睛和鼻子。（图 7-6-13）
4. 组合成坐着的小木人造型。（图 7-6-14、图 7-6-15）

图 7-6-11

图 7-6-12

图 7-6-13

图 7-6-15

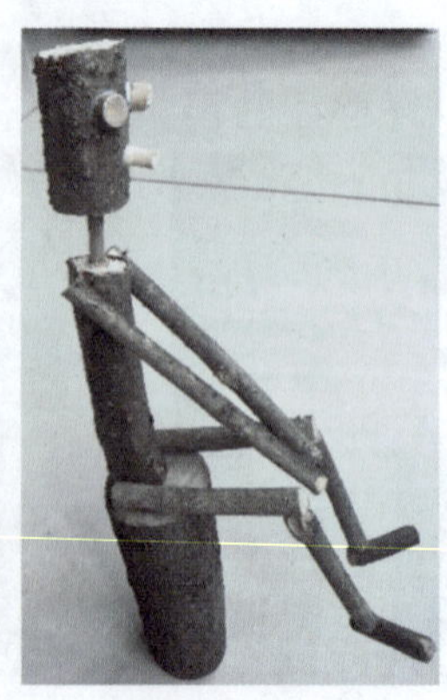
图 7-6-16

三、作品欣赏

图 7-6-17

图 7-6-18

图 7-6-19

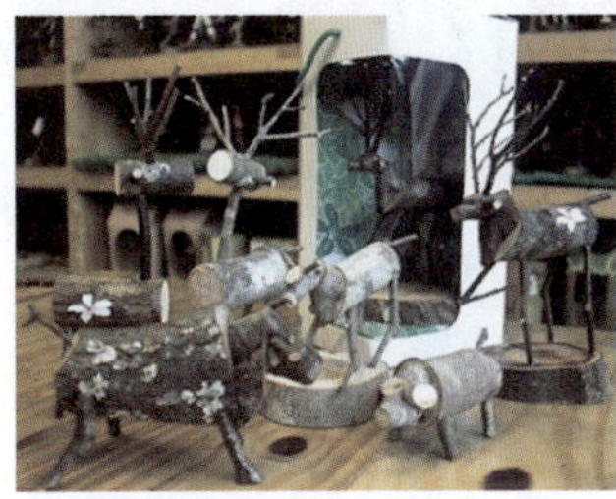
图 7-6-20

图 7-6-21

图 7-6-22

四、练习与思考

利用身边常见的木制品，完成一幅拼贴装饰画。

要求：造型新颖有特色，适合儿童的手工教学。

第七节　纸质材料综合造型

一、学海导航

知识与能力目标

了解各种废旧纸质材料的性能特点，掌握多种技法组合造型。

过程与方法目标

能够利用各种废旧硬纸材料综合创作出各种艺术造型。

情感、态度、价值观目标

培养发现废旧纸质材料可利用价值的能力，能欣赏不同纸料的美。

一、基础知识

纸综合造型可分为两方面理解，一是综合利用纸质材料的性能去造型；二是多种技法技巧的综合运用。作品在形体比较复杂的情况下，不妨各部分分开制作，再组合成形。各部分形体灵活运用各种手法，形成综合式的造型。（图 7-7-1、图 7-7-2）

图 7-7-1

图 7-7-2

（一）综合造型的特点

自然界中的事物丰富多彩，形态门类繁多，形象也极其复杂。单一手法的表现难度很大。在表现这些形象时，宜于采用极端概括、夸张、变形和象征性的方法表现。（图 7-7-3、图 7-7-4）

图 7-7-3

图 7-7-4

（二）综合造型的基本技法

在加工手段上，不能拘于某几种加工形式，必须将前几节所实践过的各种手法，综合地加以应用，要熟悉和掌握造型的基本规律。

1. 要将部分造型凸出来，必然还要切掉其局部。
2. 要是局部凸出来的同时，必然要有凹下的部分加以平衡。
3. 自由曲面的加工，要根据曲面结构的造型变化，作出自由曲面的预折加工线。
4. 有的部位要适当运用切割加工来表现。

二、案例分析

活动名称：纸镜框

（一）活动描述

纸镜框是用卡纸按照一定图形折叠粘接成类似三角形的长纸筒，再将四个纸筒割角粘接而成镜框。它外形像木框，而且棱角分明，美观大方，重量很轻，悬挂方便。用各种纸张可以绘制或制作出各种作品，这些作品在展示前如果给它配一个镜框，就会显得高端、大气、上档次。让我们来用卡纸制作一个纸镜框吧！

（二）准备的工具材料

卡纸、直尺、白乳胶、拷贝笔（可用废弃的水笔芯替代）、剪刀、铅笔等。

（三）活动过程

1. 先设计出镜框边条的纵横断面图形，并量出各部分的尺寸。（图 7-7-5）
2. 根据各部分尺寸在卡纸上画出长条形展开图，纸条长度要随所做镜框大小而定。每个镜框要制作四条。（图 7-7-6）
3. 其中两条的两端要进行割角。（图 7-7-7）
4. 未割角的两条边向割角的两条边顶端插入粘接，就成了斜角相接的镜框。（图 7-7-8）
5. 把需要的作品装入底版后即可悬挂展示了。（图 7-7-9、图 7-7-10）

图 7-7-5

图 7-7-6

图 7-7-7

图 7-7-8

图 7-7-9

图 7-7-10

活动名称：尤克里里

（一）活动描述

尤克里里属于一种乐器，利用纸箱子即可做出，具有创新意识和环保意识，培养操作能力。

（二）活动准备

纸盒、铅笔、橡皮擦、黑色马克笔、图钉、剪刀、牙签、绳子、尺子、双面胶等。

（三）训练能力

1. 培养动手能力、激发思维能力、提高环保意识。
2. 用纸箱独自完成作品的制作能力。
3. 根据纸盒进行合理的想象和设计能力，制作物品。

（四）活动过程

1. 准备好制作的材料与工具。
2. 在纸上画出尤克里里的外形，并剪下来。
3. 将剪好的图形放在纸盒上方，用黑笔勾出轮廓，并裁剪下来，依次剪六个。（图 7-7-11）
4. 将其中五个用双面胶粘好，将第六个画出自己喜欢的花纹或者音乐符号等。（图 7-7-12）
5. 把牙签固定在纸板上，用直尺和铅笔在纸板上画出一条横，将绳子穿过并固定好。（图 7-7-13）
6. 用图钉把绳子固定，使绳子处于一个紧绷状态。（图 7-7-14）
7. 固定好即作品完成，可试着学会尤克里里的弹法。（图 7-7-15、图 7-7-16）

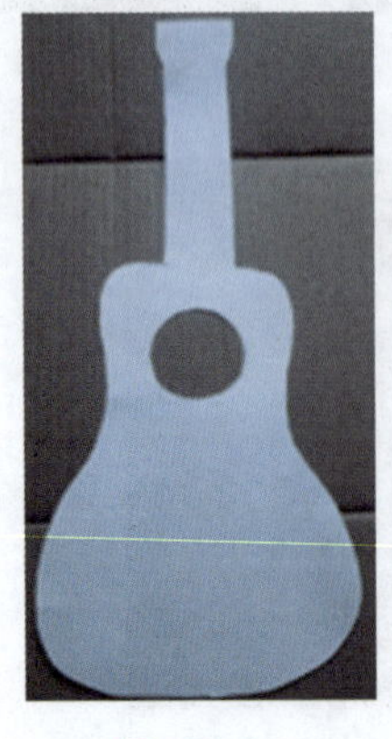

图 7-7-11

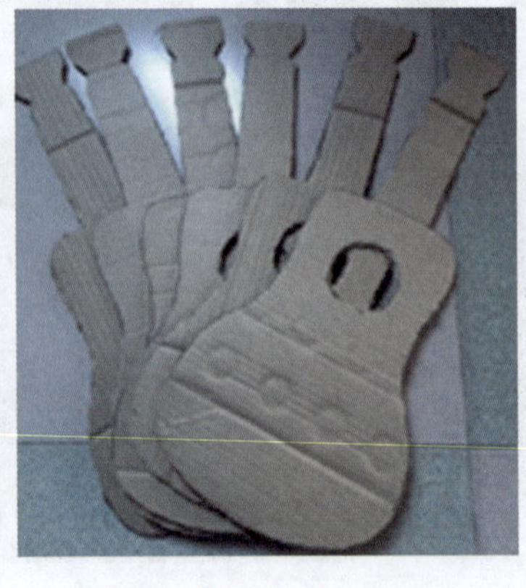

图 7-7-12

图 7-7-13

图 7-7-14

图 7-7-15

图 7-7-16

活动名称：一篮向日葵

（一）活动描述

大自然是为人们所喜爱的，花儿是大自然中最为常见的植物，而折纸也是学生非常喜欢的题材，可以通过纸综合造型的形式来表现学生所喜欢花儿的形象。

（二）活动准备

彩色卡纸、报纸、白乳胶、剪刀等。

（三）训练能力

1. 用手工纸按步骤折向日葵花和叶的能力。
2. 用废旧报纸设计编织花篮，组合出一篮向日葵做装饰的能力。

（三）活动过程

1. 选取所喜欢的卡纸，按照折纸的步骤折出向日葵花。

图 7-7-17

图 7-7-18

图 7-7-19

图 7-7-20

2. 利用绿色纸折出叶和杆。
3. 用报纸边折出花篮。

图 7-7-21

图 7-7-22

图 7-7-23

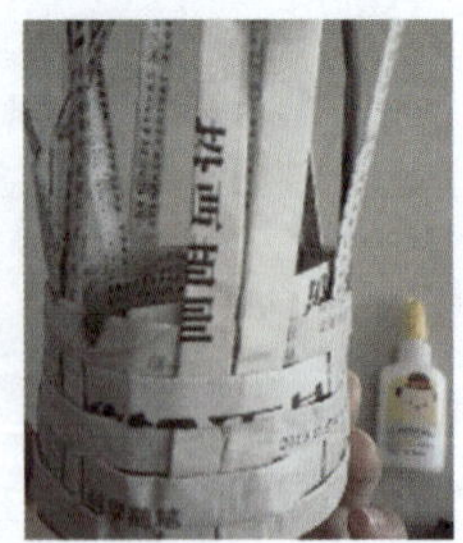
图 7-7-24

4. 组合出一篮向日葵当装饰品。

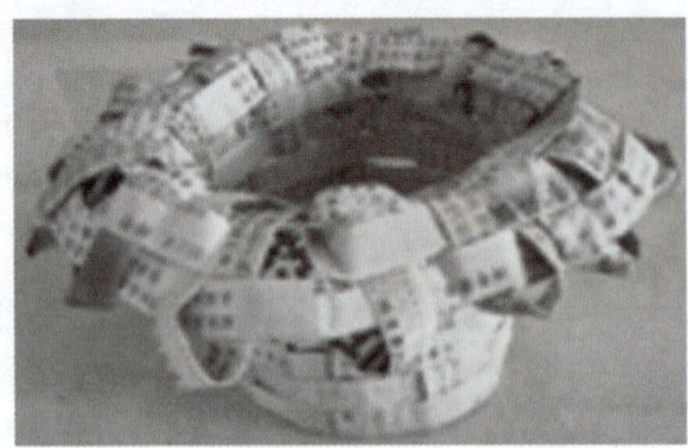
图 7-7-25

图 7-7-26

三、作品欣赏

图 7-7-27

图 7-7-28

图 7-7-29

图 7-7-30

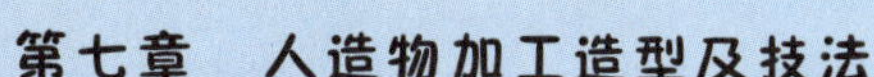

四、练习与思考

1. 欣赏图片并尝试临摹制作一幅作品。
2. 利用废旧扑克牌制作收纳盒。
3. 在综合纸制作教学中，如何培养勤俭节约和环境保护意识？

第八章　教玩具制作及技法

教玩具是幼儿的伴侣，是幼儿学习的重要资源。自制教玩具的过程是一个共同参与、团结协作、促进幼儿学习与发展、提高幼儿教师技能水平、促进家园合作的过程。自制教玩具有利于对幼儿实施科学的教育，为幼儿创设健康的教育环境，保证幼儿健康快乐成长。

一、幼儿教玩具的评价标准

（一）科学性

作品适合幼儿的年龄特点和认知规律，可操作性强，便于幼儿操作和理解，为幼儿所喜欢。

（二）教育性

作品能为某一领域的教育教学活动服务，能够引发幼儿的游戏和探究活动，促进幼儿的发展。设计的教玩具要适合幼儿的年龄特点和认知规律，便于幼儿操作和理解，为幼儿所喜欢；设计的户外玩具应能够为教育教学活动服务，能够引发游戏和探究活动，促进幼儿的发展。尽量减少装饰、摆设性的玩具。

（三）安全性

作品选择的材料是无污染、无碍健康的材料，造型无棱角、无危险，便于消毒，确保幼儿的安全和健康。

（四）艺术性

具有美感，富于童趣，具有艺术性，造型设计优美，色彩搭配协调，作品具有美感、能培养幼儿的审美情趣。

（五）创新性

体现设计者的独特创意，外型设计新颖，操作简便，注重废物利用，一物多用，力求经济实惠，具有推广和普及价值。

（六）趣味性

好玩、有趣是制作玩具的前提，只有让教具充满趣味性才能称其为教玩具，才能吸引更多儿童的注意，也才能更好地将玩具赋予的教育意义传达给儿童。

（七）简易性

幼儿园自制玩教具不同于商品玩教具的地方，正在于其“简易性”，这种“简易性”表现在两个方面，一是就地取材，体现地方特色；二是制作方法简单，使用方便。

（八）环保性

自制玩具提倡环保理念，幼儿园自制教玩具应尽可能地使废旧材料得到合理的利用，幼儿园自制教玩具应尽可能地使废旧材料得到合理的利用，有助于从小培养幼儿可持续发展的意识、态度、责任感。

（九）及时性

自制幼儿教玩具具有及时性，它能够根据我们教育教学的需要，量身制作教玩具，让自制教玩具真正及时有效地为教育教学服务。

（十）可操作性

作为玩具只能看不能玩那就失去了玩具的意义，所以，可操作性是教玩具的基础。

二、教玩具制作的步骤

（一）构思，明确优质教玩具的标准，根据某些触动和灵感，确定好富有创意的作品及所用的材料、根据等。

（二）选材，根据作品需要，结合实际，坚持材料选择安全性原则，以废旧利用为主，变废为宝，经过收集、改造，集齐所要用到的教玩具部件。

（三）制作，先明确制作目标，与幼儿集体讨论明确重点、难点，和幼儿一起讨论决定步骤，让幼儿意识到他们是教玩具制作的主人。具体在制作的过程中要让幼儿从中体会劳动的光荣与辛苦，从而养成热爱劳动的习惯，养成珍惜劳动产品的美德。把准备好的零部件有效的组装起来，并进行必要的装饰。

（四）登记，填写有关登记表册，用文字、图片等记载下来，作为资料上交或保存。

（五）投放和完善，将玩具制作好了之后让幼儿去探索与发现，发现其不足，以便修改和完善，进一步提高教玩具的价值。

以上过程可发动家长、幼儿共同完成。

第一节　幼儿社会健康教育领域教玩具制作

一、学海导航

知识与能力目标

了解幼儿社会健康教育领域教玩具的基本知识。

过程与方法目标

培养在生活中“变废为宝”的创造能力，设计制作出多种材料的教玩具。

情感、态度、价值观目标

在制作教玩具的过程中培养学生热爱幼教事业的职业素养。

一、基本知识

民间传统体育项目具有趣味性、健身性，便于参加，便于普及，并与岁时节令、人生立意、游戏娱乐等民俗活动紧密结合，蕴含着深厚的传统文化和鲜明的地域特征，是民族文化的瑰宝。

将民间传统体育项目与幼儿社会健康教育领域教玩具相结合，有着积极的意义，首先有利于幼儿在玩耍的过程中了解传统文化，并产生家乡自豪感；其次有利于幼儿形成团结协作、谦让宽容、勇于进取的体育精神；最后有利于民间优秀传统文化在幼儿园的普及和推广，进一步完善民间艺术资源的活化与传承机制。

（一）幼儿社会健康教育领域教玩分类

健康教育教玩具一般分为两大类，一类用于幼儿保健方面，如帮助幼儿养成良好的生活习惯、了解身体的认识与保护等，一类用于体育方面，如幼儿的课间运动玩具，锻炼幼儿走跑、跳跃、投掷、钻爬等能力，激发幼儿参与体育活动的兴趣。

（二）幼儿社会健康教育领域教玩具制作的特点

设计的户外玩具应能够为教育教学活动服务，能够引发游戏和探究活动，促进幼儿的发展。尽量减少装饰、摆设性的玩具。

1. 安全性，作品选择的材料是无污染、无碍健康的材料，造型无棱角、无危险，便于消毒，确保幼儿的安全和健康。

2. 艺术性，具有美感，富于童趣，具有艺术性，造型设计优美，色彩搭配协调，作品具有美感、能培养幼儿的审美情趣。

3. 创新性，体现设计者的独特创意，外型设计新颖，操作简便，注重废物利用，一物多用，力求经济实惠，具有推广和普及价值。

二、案例分析

活动名称：滑板车

（一）活动描述

滑板车是幼儿非常喜爱的户外玩具，用奶粉罐、快递盒制作是不是很新颖呢？制

作材料还可以让小朋友参与收集呢！

（二）准备材料

奶粉罐、纸板、钉枪、热熔胶、滑轮等。

（三）制作步骤

1. 准备四个奶粉罐 。（见图 8-1-1）
2. 用胶带固定。（见图 8-1-2）
3. 裁出适合包裹奶粉罐的纸板长度。（见图 8-1-3）

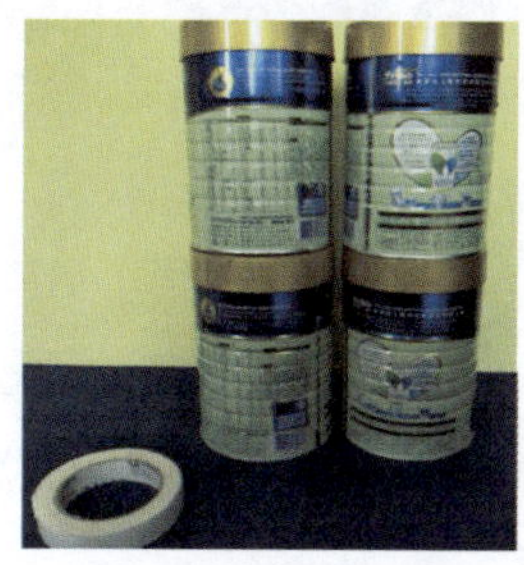
图 8-1-1

图 8-1-2

图 8-1-3

4. 用纸板将奶粉罐一侧包裹。（图 8-1-4）
5. 装上滑轮。（见图 8-1-5）
6. 安装滑轮的时候螺丝要拧到奶粉桶。（见图 8-1-6）

图 8-1-4

图 8-1-5

图 8-1-6

7. 装好螺丝后，用热熔胶将两侧的纸板和正面的纸板粘合，并用钉枪加固。（见图 8-1-7）

8. 完成作品。(见图 8-1-8)

图 8-1-7

图 8-1-8

(四) 主要玩法介绍：小朋友坐在滑板车上可手脚配合一起向任意方向滑行运动。

活动名称：踩高跷

(一) 活动描述

踩高跷是民间非常受欢迎的一项体育活动，用奶粉罐和彩带制作的高跷是不是更方便呢？快来一起动手试一试吧！

(二) 材料准备

奶粉罐或饮料易拉罐、彩带、钉子、锤子、颜料等。

(三) 制作步骤

1. 选择合适大小与高度的空奶粉桶（图 8-1-9）。
2. 在奶粉罐合适位置定出打孔的位置，用钉子和锤子在两侧对称位置打孔 。(图 8-1-10)
3. 用白色丙烯颜料刷一遍底色。(图 8-1-11)

图 8-1-9

图 8-1-10

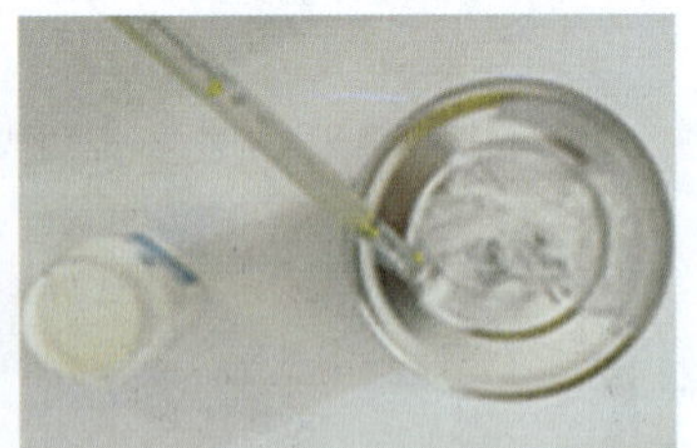
图 8-1-11

4. 让丙烯颜料自然晾干。(图 8-1-12)
5. 反复刷几遍底色。(图 8-1-13)
6. 画上喜欢的图案。(图 8-1-14)

图 8-1-12

图 8-1-13

图 8-1-14

7. 上适合的颜色。(图 8-1-15)
8. 调整完成。(图 8-1-16)

图 8-1-15

图 8-1-16

(四) 主要玩法介绍

小朋友站在奶粉罐上，手握住彩带的地方，脚一前一后向前运动，还可组织多名小朋友一起踩高跷比赛或接力。

活动名称：大板鞋

(一) 活动描述

大板鞋可锻炼小朋友团结协作的合作精神，用矿泉水瓶和快递盒制作的大板鞋更轻盈，小朋友快来试一试吧！

(二) 准备材料

矿泉水瓶 16 个、硬纸板、螺丝钉、透明胶、白乳胶等。

(三) 制作步骤

1. 将两个矿泉水瓶用胶带绑在一起。(图 8-1-17)
2. 完成四组矿泉水瓶的制作。(图 8-1-18)
3. 裁出适合尺寸、纸板 。(图 8-1-19)

图 8-1-17

图 8-1-18

图 8-1-19

4. 弧线的细节处理。(图 8-1-20)
5. 将纸板与矿泉水瓶用乳胶固定。(图 8-1-21)
6. 用工具将皮条固定的洞搓出。(图 8-1-22)

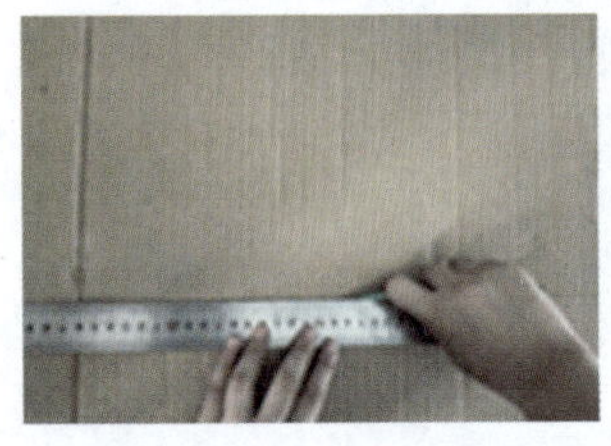
图 8-1-20

图 8-1-21

图 8-1-22

7. 将皮条与纸板用螺丝固定。(图 8-1-23)
8. 用麻绳加固纸板，完成两只大板鞋的制作（图 8-1-24)。
9. 玩法示意图（图 8-1-25)

图 8-1-23

图 8-1-24

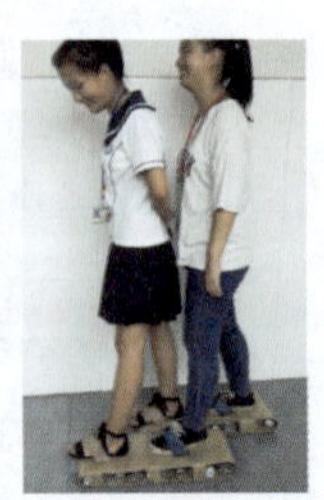
图 8-1-25

(1) 主要玩法介绍

可两人或三人一组，把脚放在皮条上，一起行走，锻炼小朋友的团结协作能力，

可进行接力比赛，趣味十足。

三、作品欣赏

图 8-1-26

图 8-1-27

图 8-1-28

四、思考与练习

1. 寻找身边的废旧物品，看看能做什么社会健康教育教玩具，自己设计一种做一做。

2. 结合当地传统体育项目，设计一款适合幼儿社会健康教育领域的教玩具。

第二节　幼儿语言教育领域教玩具制作

一、学海导航

知识与能力目标

学习了解幼儿语言教育领域教玩具制作的意义。

学会幼儿语言教育领域教玩具制作的材料选择及制作的一般过程，掌握幼儿语言教育领域教玩具制作的原则。

情感、态度、价值观目标

培养学生热爱教师事业的职业素养。

一、基本知识

在幼儿语言教育活动中，把布偶戴在手指上来扮演角色形象，配合语言，做出相应的动作，使讲述的故事更加生动有趣，可激发幼儿的学习语言的兴趣，提高其语言表达能力。

（一）幼儿语言教育领域教玩具制作的意义

玩具是幼儿生活的伴侣、学习的教科书，是孩子的天使。作为幼儿语言教育领域的教玩具，同样起着重要的媒介作用。它可以打开幼儿的心扉，符合幼儿形象思维的特点。好的教玩具能最大限度地吸引孩子们的注意力，调动孩子们求知欲。

（二）幼儿语言教育领域主要活动

主要包括谈话、讲述、早期阅读等学习活动，在开展活动时，我们可以辅助以合理的教玩具。教玩具的制作要采用安全的材料，可利用常见的废旧材料制作。制作时也要充分考虑孩子们使用的安全问题。

从幼儿语言教育活动特点来看，教玩具制作可以分成背景类、操作类、图书类等。

二、案例分析

活动名称：指偶娃娃

（一）活动准备

剪刀、针线、填充棉、布、画好的图纸等。

（二）活动过程

1. 准备好材料和工具，把图纸拷贝在布的反面上，剪下图形开始缝制，注意要留好缝制的边，指偶的下边要留好放手指的口。（图 8-2-1、图 8-2-2）

2. 缝好后翻至正面，在指偶头部放入填充棉，让形象丰满起来，装饰头部形象（图 8-2-3）

3. 缝合五官，完成青蛙指偶的制作。（图 8-2-4）

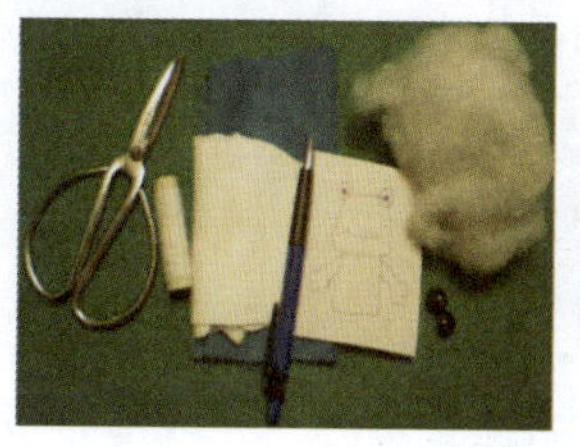

图 8-2-1

图 8-2-2

图 8-2-3

图 8-2-14

活动名称："猫"面具

（一）活动描述

面具制作是在画好各种形的厚纸板上，用刀片在背部割划或用剪刀剪开，然后把它折弯做成各种壳体形态，其形态具有纸浮雕的特征。在剪切与收缩中，根据面具的形象需要，夸大或简略五官的部分，以显现所制面具的形象特征。

面具形象的某些细节，如毛发、面部色彩变化等，可以直接绘制或粘贴在壳体上，使之成为一个整体。如果这些细节多支起向外则面具易损坏，同时佩戴也不安全。因此，面具造型时，要对某些棱角进行磨圆处理。

（二）活动过程

1. 设计猫的装饰形象，表现形象时应简洁概况抓主要特征，形象美观有装饰效果。(图 8-2-5)

2. 选择色彩，要有一个主色调，要考虑形象的色彩特征。"猫"选择黑色作为主色，其它色彩为装饰色彩。(图 8 2-6)

图 8-2-5

图 8-2-6

3. 面具的大小要和脸部大小差不多，制作时要按照正确顺序，采取适合的技法去表现。(图 8-2-7)

4. 动手制作猫的装饰形象，按顺序切、粘成形 ，整理装饰完成。(图 8-2-8)

图 8-2-7

图 8-2-8

三、作品欣赏

图 8-2-9

图 8-2-10

图 8-2-11

四、思考与练习

1. 在幼儿语言教育活动领域，幼儿教师怎样合理利用教玩具来提高教学质量和效率？

2. 选择幼儿喜欢的故事，制作出相应的教玩具，并能合理设计教玩具的使用方法。

第三节　幼儿社会教育领域教玩具制作

一、学海导航

知识与能力目标

了解幼儿社会教育领域教玩具在教学中的作用，学会幼儿社会教育领域教玩具制作的材料选择及作用。

过程与方法目标

学会幼儿社会教育领域教玩具制作的一般步骤和方法，掌握幼儿语言教育领域教

玩具制作的技法。

情感、态度、价值观目标

培养学生实施幼儿社会教育的能力和热爱教育事业的职业素养。

一、基础知识

幼儿从自然人到社会人的转变与社会教育息息相关，社会领域学习作为一种跨越不同领域的综合学习，极大的丰富了幼儿园的教学内容。教育改革家张宗麟在《幼稚园的社会》一书中，明确提出了幼儿园课程内容社会化的思想，他认为社会包括最广，凡历史、地理、家庭、职业、卫生、风俗人物、伟人事迹、各国人民的生活都可在内。

（一）幼儿社会教育领域教玩具在幼儿园的意义

目前，国家教育部将社会领域列为幼儿园五大教育领域之一，需要幼教工作者学会制作和设计相关的教玩具，促进幼儿社会教育领域课程的开展，那些贴近生活、设计有趣、构思巧妙的教玩具能够比较直观的展示课程内容，吸引幼儿的注意力，提升学习效果，方便幼儿社会领域课程教学过程组织与开展。

（二）幼儿社会教育领域教玩具在幼儿园的运用

幼儿社会教育领域教玩具的灵活使用为幼儿园社会教育课程的开展提供支持，涉及的面比较广，可以成为幼儿社会教育领域课程中教学道具，辅助教学，让幼儿比较直观的理解社会常识，增进孩子对社会的认识，幼儿融入社会这个大家庭打下基础。（图 8-3-1）

图 8-3-1

二、案例分析

活动名称：小小消防车

（1）基本材料与工具

废旧纸盒两个、水粉颜料与水粉笔、卡纸、装饰纸、双面胶、勾线笔、小刀，竹

签，吸管等。（图 8-3-2 到图 8-3-5）

图 8-3-2

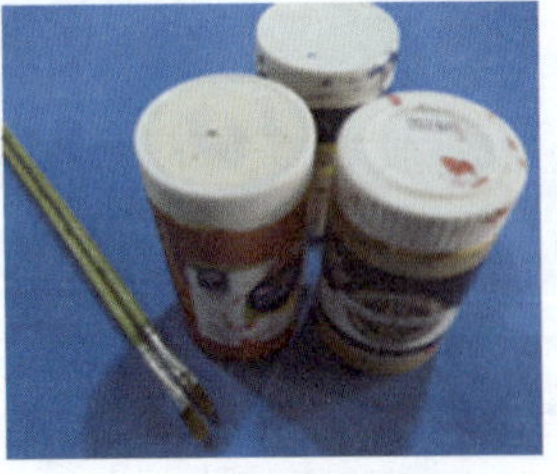

图 8-3-3

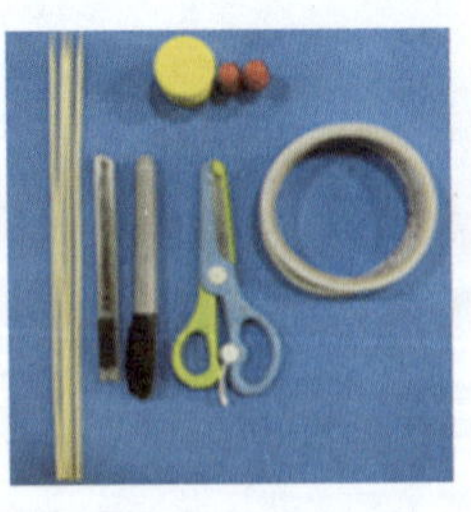

图 8-3-4

图 8-3-5

（2）活动描述

抓住孩子们对消防战士的崇拜与对消防器材的好奇心理，以及结合社会教育课程，让孩子们了解消防知识，特运用废旧纸盒设计与制作消防车教玩具。

（三）活动过程

1. 将剪裁好的橘红色瓦楞纸用双面胶黏贴与纸盒外壳之上，黏好之后用长的纸盒做消防车的后车厢，短的纸盒做车头，并将两者黏贴起来。（图 8-3-6 到图 8-3-9）

图 8-3-6

图 8-3-7

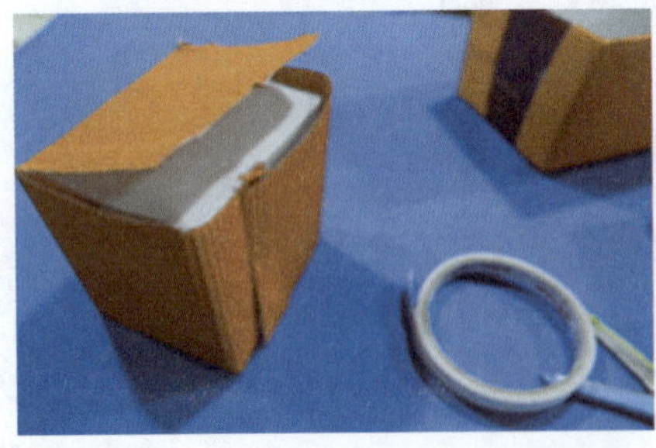

图 8-3-8

图 8-3-9

2. 用彩纸剪出装饰消防车的车窗与车厢装饰等部分，并粘贴到纸盒的合适部位。（图 8-3-10 到图 8-3-12）

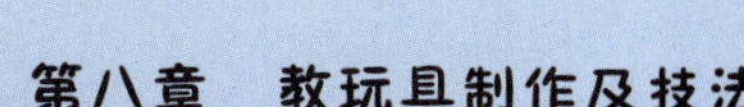

图 8-3-10

图 8-3-11

图 8-3-12

3. 用硬卡纸做出消防车的车轮，用竹签穿插起来。(图 8-3-13 到图 8-3-15)

图 8-3-13

图 8-3-14

图 8-3-15

4. 将吸管剪成小段，做消防车的升降梯，并用废旧笔盖做成小灯粘贴到车头上。(图 8-3-16 到图 8-3-19)

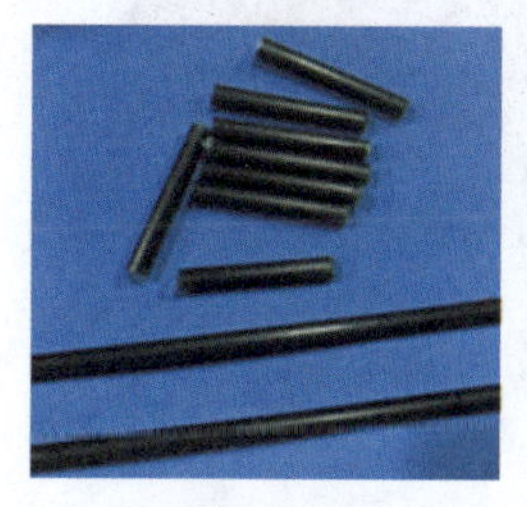
图 8-3-16

图 8-3-17

图 8-3-18

图 8-3-19

5. 用黑色勾线笔画出消防车的细节部位，并用水粉颜料将轮胎和车顶装饰物涂上颜色。(图 8-3-20 到图 8-3-22)

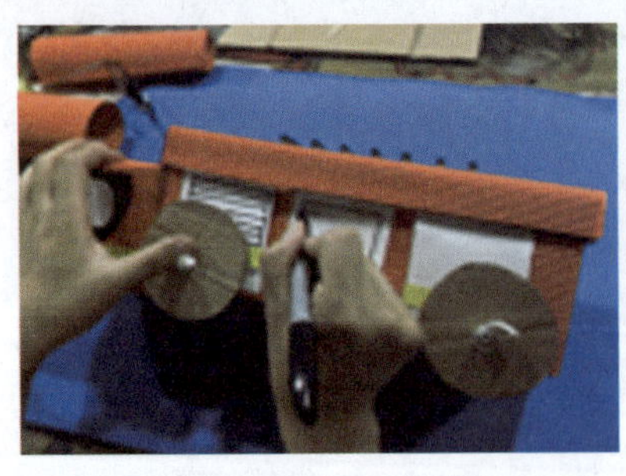

图 8-3-20

图 8-3-21

图 8-3-22

6．组装完成消防车的制作。（图 8-3-23）

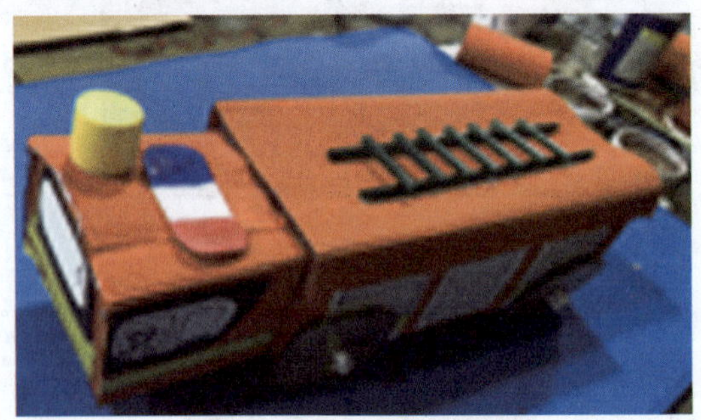

图 8-3-23

三、作品欣赏

图 8-3-24

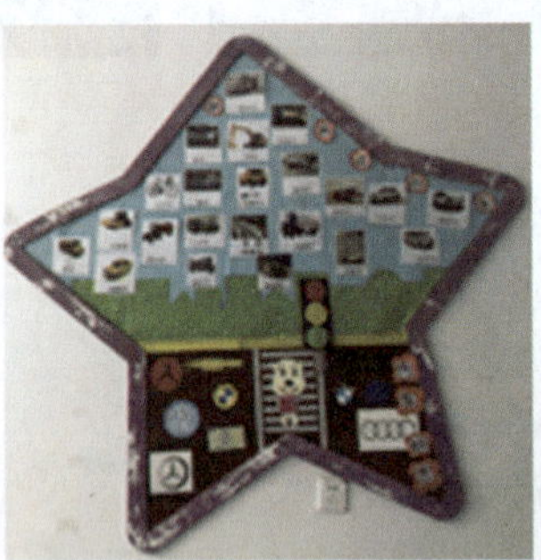

图 8-3-25

图 8-3-26

四、思考与练习

尝试根据幼儿社会教育领域相关学习内容，搜集材料，设计制作一个幼儿社会教育教玩具，要求贴近幼儿生活，符合幼儿的审美趣味，尽量运用身边容易搜集的废旧物品进行改装，设计。

第四节　幼儿科学教育领域教玩具制作

一、学海导航

知识与能力目标

了解幼儿科学教育领域教玩具的特点及功用，明确制作幼儿科学教育领域教玩具制作的意义与目的。

过程与方法目标

掌握幼儿科学教育领域的教玩具制作的一般规律及方法。

情感、态度、价值观目标

通过科学教育领域教玩具制作活动，增加学生学习的兴趣。

一、基础知识

爱玩是孩子的天性，玩即是孩子的生活，在玩的过程中幼儿的身体机能和心理机能都得到了发展。自制教玩具的过程是一个充满教育性、趣味性、发展性的过程，正好可以弥补智能玩具的不足之处，具有重大的价值。

（一）幼儿科学教育领域自制教玩具的意义

1. 弥补园内科学教育领域常规教玩具的不足，激发幼儿对于自然科学的学习兴趣，提高幼儿的动手动脑能力，满足幼儿对于自然世界的好奇心。

社会和成人有责任为儿童提供玩具，保障他们的游戏权利。因地制宜、就地取材为幼儿自制教玩具，其丰富的教玩具产品正好弥补了教育资源的不足，保障了幼儿游戏的物质基础。拓展了思维，并在操作活动中发展了动手能力。

2. 在与幼儿共同制作科学教玩具的过程中，提高幼儿的参与感、责任感，培养幼儿的探索精神与创造精神。

幼儿是玩具的使用者，在制作科学教玩具的过程中，首先应与幼儿共同讨论和明确教玩具的使用和制作步骤，教育者不可擅自做主，让幼儿意识到他们是教玩具制作的主人。在具体制作的过程中要让幼儿从中体会劳动的光荣与辛苦，养成珍惜劳动产品的美德。幼儿具有较强的探索能力、创造力，将教玩具制作好投放在科学区使用之后让幼儿去探索与发现，发现其不足，以便修改和完善，进一步提高教玩具的价值。

3. 自制科学教玩具活动是幼儿园的一项教育活动，也是家长与孩子间的一种亲子活动，共同参与活动，有助于增进家园合作关系。

家长协助收集自制教玩具的材料，提供设计和制作经验，与幼儿共同合作，提高了家长对幼儿教育的认知深度，认识和体验自己的教育责任和能力，唤醒和增强了家长作为孩子的第一任老师的角色意识，积极主动地参与到孩子的教育过程中来。

4. 挖掘教师组织游戏的潜力，促进了教师专业成长

《幼儿园教师专业标准（试行）》提出了“能力为重”的基本理念，要求幼儿教师不断提高专业能力，以促进幼儿健康发展。教师以参与者、指导者、支持者、同伴等多重身份参与到教玩具制作的实践过程中，一方面加深了对幼儿的了解，积累了经验；另一方面也促进了教师教研、手工等方面专业技能的提升。

（二）幼儿科学教育领域教玩具分类

1. 认识人体

识别五感：味觉、嗅觉、听觉、视觉、触觉。认识人体的基本生理结构，了解人的基本组成部分，手、脚、手指脚趾、头、脖子、肚子、五官等，分辨左手、右手、左脚、右脚。（图 8-4-1）

图 8-4-1

2. 认识动植物

关爱、探究身边的有生命物质、探索无生命物质与其环境与人们生活的关系，其中包括动物的成长变化、移动方式、居住环境、食物、繁殖与哺育、种类与特征、对人类的功用，植物的生长条件、部位与功能、种类与特征、繁殖方式、对人类的功用。（图 8-4-2）

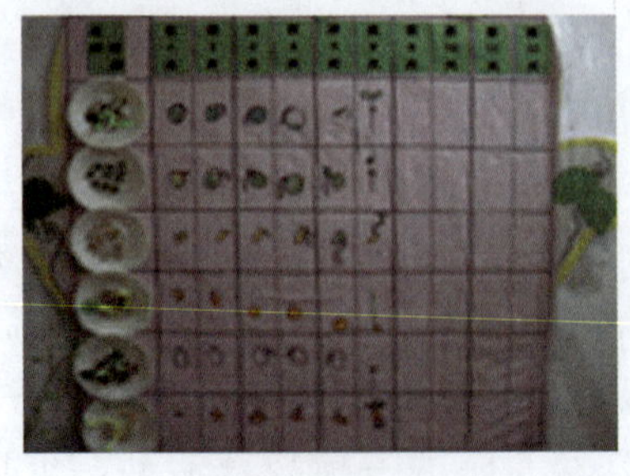

图 8-4-4

3. 自然科学现象

关注、感受、探究身边的自然科学现象，其中包括认识电、光、声音的形成和传送、磁铁、简易机械中的杠杆、轮子、螺旋。（图 8-4-3）

图 8-4-3

4. 生态环境

无生命物质与人、自然环境的关系。包括石头沙土、水、空气。（图 8-4-4）

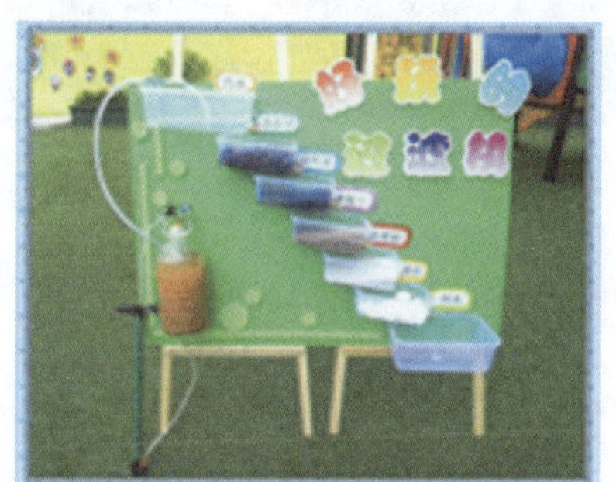

图 8-4-4

5. 现代科技

包括风能、电能、水能、太阳能等现代科技能源。让小朋友通过教玩具接触现代新科技。（图 8-4-5）

图 8-4-5

二、案例分析

活动名称：有趣的磁铁（图 8-4-6）

（1）所需材料

大小不同的各种小鱼在布置好的海底世界中、每个小鱼嘴上插上铁质曲别针、钓鱼竿。

（二）关键经验：知道吸铁石可以吸住金属物品。

（三）指导要点：游戏时指导幼儿鱼钩要对准小鱼嘴部。

图 8-4-6

活动名称：赛车跑道（图 8-4-7）

（一）操作方法：选择汽车和高低不同的跑道看谁的汽车开得快或开得远。

（二）关键经验：初步感知速度、重力、摩擦力三者之间的关系。

（三）指导要点：游戏必须从同一起跑线开始，并记录每辆汽车到达终点的先后顺。

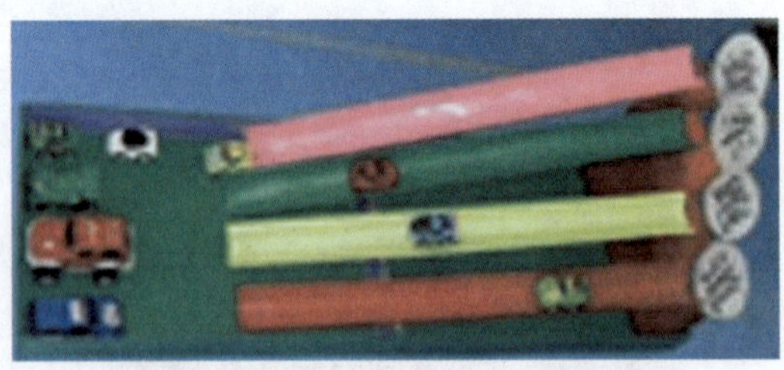

图 8-4-7

活动名称：陀螺（图 8-4-8）

（1）所需材料：卡纸、废旧玩具

（二）关键经验：旋转具有稳定性。

（三）制作过程：

1. 准备废旧乐高玩具（圆头圆锥体为佳）、圆形卡纸。
2. 将废旧的圆锥体乐高玩具固定在圆形卡纸中间。
3. 可对圆形卡纸做一定装饰。

图 8-4-8

活动名称：自制传话筒（图 8-4-9）

（一）所需材料：一次性纸杯、细线等。

（二）关键经验：知道声音是可以传播的。

（三）指导要点：游戏时注意两名幼儿同时将传声筒放置嘴边或耳边（提醒幼儿将传声线拉直）

图 8-4-9

活动名称：奇妙的静电（图 8-4-10）

（一）所需材料：塑料制品、碎纸屑等。

（二）关键经验：知道塑料在头发或皮头上摩擦之后可以吸住碎纸屑。

（三）指导要点：幼儿可大胆尝试，体验静电的魅力。

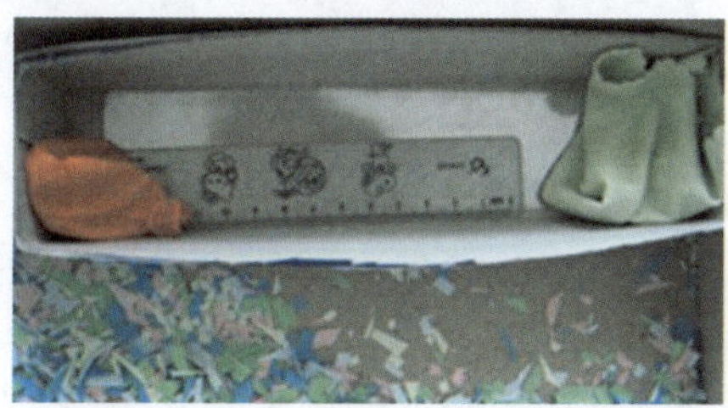

图 8-4-10

活动名称：好玩的颜色（图 8-4-11）

(1) 所需材料

纸筒、红、黄、蓝三色水、装有水的输液袋、输液器、针管等。

(二) 关键经验：知道两种颜色混合在一起会发生变化。

(三) 指导要点：记录两种颜色混合之后会变成什么颜色。

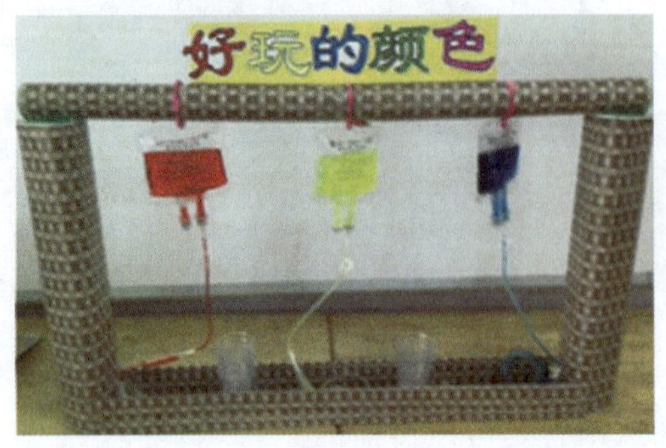

图 8-4-11

活动名称：浮和沉（图 8-4-12）

(1) 所需材料

轻重分明的各种小材料，如：铁质材料和塑料材料，塑料容器等。

(二) 关键经验：知道石头落到河中会下沉，小纸船会漂浮在上面。

(三) 指导要点：感知浮力与物体重量的关系。

图 8-4-12

活动名称：天平秤（图 8-4-13）

(一) 所需材料：可乐瓶、筷子、各种小玩具插片或串珠等。

(二) 关键经验：知道天平两边物体一样多才能保持平衡状态。

(三) 指导要点：投放材料时注意掌握两边杯子的重量。

（四）制作方法

1. 准备 3 个可乐瓶，将其中两个切断保留底部，挖洞、穿绳，做成秤盘的样子；
2. 将第 3 个可乐瓶上端穿孔，将筷子穿过双孔平衡摆放；
3. 将做好的秤盘挂在筷子两端即完成天平秤制作。

图 8-4-13

活动名称：自制投掷器（图 8-4-14）

（一）所需材料：矿泉水瓶盖、雪糕棍、橡胶皮筋等。

（二）关键经验：力的反作用。

（三）指导要点：用卫生纸团做子弹，不要对着人投射！

（四）制作方法

1. 将两根雪糕棍一端用皮筋捆住；
2. 将 7—8 根雪糕棍左右两端捆住，插入一端捆好的两根雪糕棍中，并加以固定；
3. 在雪糕棍的另一端粘上瓶盖，投掷器制作完成。

图 8-4-14

三、作品欣赏

图 8-4-15

图 8-4-16

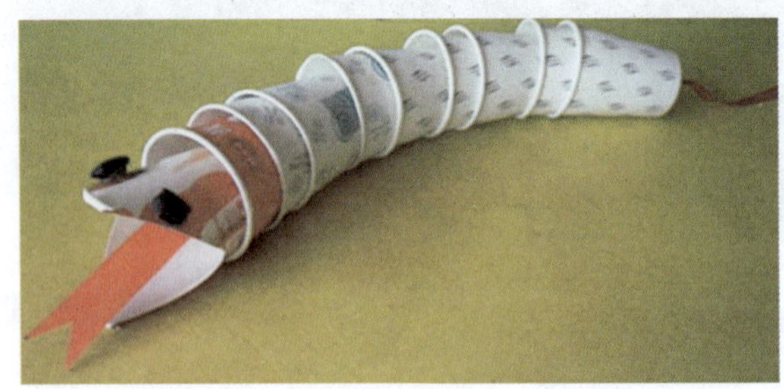

图 8-4-17

四、思考与练习

设计制作一个科学教育领域教玩具。

第五节　幼儿艺术教育领域教玩具制作

一、学海导航

知识与能力目标

了解艺术教育领域教玩具制作的神奇之处，通过欣赏艺术教育领域教玩具去体验创造的乐趣。

过程与方法目标

掌握艺术教育领域教玩具设计与制作方法，制作出具有美感和新用途的作品。

情感、态度、价值观目标

感受环境保护带来的乐趣，树立一定的环保意识。

一、基础知识

幼儿艺术教育是指以音乐（含舞蹈）和美术为手段和内容的教育。幼儿艺术教育范畴广泛，幼儿美术、音乐、歌舞、幼儿表演、幼儿文学等都涉及此领域。

（一）幼儿艺术教育的目标

丰富幼儿的情感，培养初步的感受美、表现美的情趣和能力，能初步感受环境、生活和艺术中的美；喜欢艺术活动，能用自己喜欢的方式大胆地表现自己的感受与体验；乐于与同伴一起娱乐、表演、创作。

（二）幼儿艺术教育领域教具介绍

幼儿艺术教育领域着重引导幼儿欣赏艺术作品，培养幼儿表现美和创造美的情趣；提供自由表现的机会，鼓励幼儿大胆地想象，运用不同的艺术形式表达自己的感受和体验；指导幼儿利用身边的物品和废旧材料制作各种玩具、工艺装饰品，体验创造的乐趣；为幼儿创造展示自己作品的条件，引导幼儿相互交流、相互理解和相互欣赏。

幼儿教师在艺术教育领域教学中制作丰富多彩的教具以辅助教学，能为学生营造一个生动有趣的教学场景，提供幼儿自由表现的机会，鼓励幼儿大胆地想象，运用不同的艺术形式表达自己的感受和体验，调动幼儿的学习积极性，使课堂富有感染力。

（三）幼儿艺术教育领域教具类型

1. 感受（欣赏、体验）
2. 表现（各种自主性操作形式：绘画、手工、舞蹈、歌唱）
3. 探索（为了更好或更美）
4. 发现（怎样做是美的，或什么能使它更美）

二、案例分析

活动名称：摇铃

（一）活动准备工具材料

剪刀、条纹包装纸、双面胶、铃铛、编织腊绳、废旧纸盒盖。（图 8-5-1）

图 8-5-1

（二）活动制作步骤

1. 取出纸盖顶部，用双面胶将条纹包装纸贴在废旧纸盒周围，进行美化。（图 8-5-2）
2. 用蜡绳将铃铛串联起来。（图 8-5-3）
3. 每串铃铛间隔 5CM 距离绕纸盖一圈固定。（图 8-5-4）
4. 将之前取出的纸盖顶部粘贴到纸筒底部，整理完成。（图 8-5-5）

图 8-5-2

图 8-5-3

图 8-5-4

图 8-5-5

（三）使用方法

摇铃也是手鼓的一种，所以各种演奏技巧都和手掌、手指有关。在主题背景下，我们已尝试着将唱唱演演、肢体造型的表现、听赏音乐的基本要素等融合。如打点：

一般是用右手握摇铃，左手打节奏。从小声到大声，基本上都使用食指、中指、无名指的最前端来打，打的位置在介于鼓边和鼓中央的中间，小声时靠近鼓边（鼓面的声音较小）；大声时靠近中间（鼓面的声音较大）。

活动名称：鼓

（1）准备工具材料

纸盒、白色卡纸、剪刀、美工刀、尺子、圆规、双面胶、一次性筷子、热熔胶、丝带、超轻粘土、打孔器等。（图 8-5-6）

图 8-5-6

（二）活动步骤

1. 用圆规在纸盒和白色卡纸上分别画两个直径 30CM 圆。（图 8-5-7）

2. 并用美工刀、剪刀将圆形裁剪下来。（图 8-5-8）

3. 在两个纸盒圆片上分别画一个直径为 20CM 圆，并用美工刀将圆形裁剪下来，得到两个圆环。（图 8-5-9）

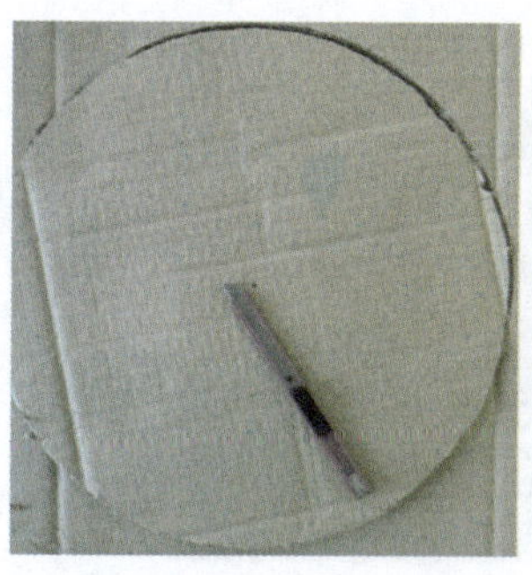

图 8-5-7

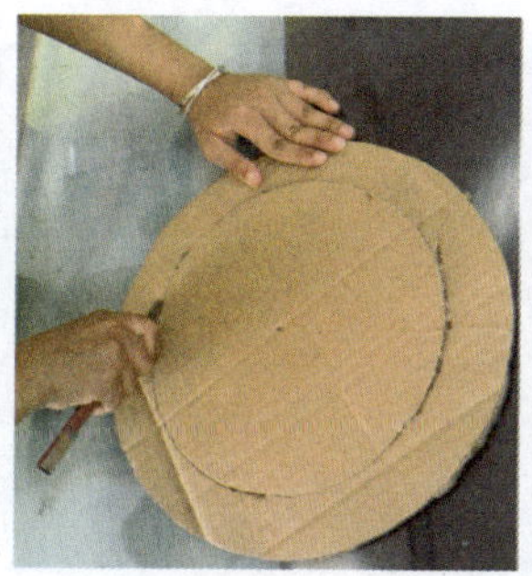

图 8-5-8

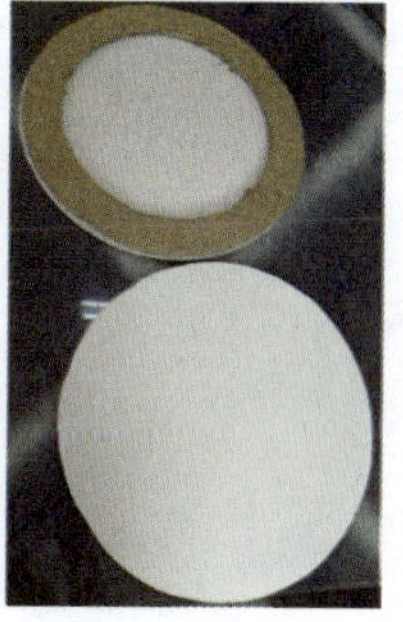

图 8-5-9

4. 用热熔胶枪将圆环和白色卡纸粘起来。（图 8-5-10）

5. 用打孔器在圆环上打出 6 个圆孔，用纸盒裁剪出一块 22CM＊65CM 的长方形，并以 3CM 的间隔距离用刀轻轻划开；然后将两个圆环组合拼贴，圆孔错开对齐。（图 8-5-11）

6. 丝带沿圆孔串联起来，用超轻粘土搓圆并固定在筷子的一端，整理完成。(图 8-5-12)

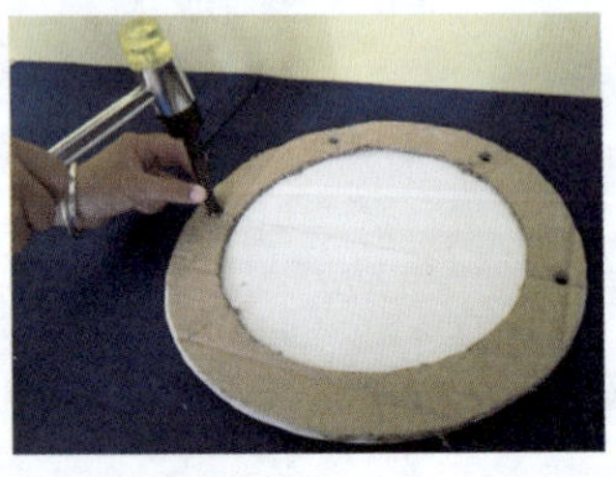
图 8-5-10

图 8-5-11

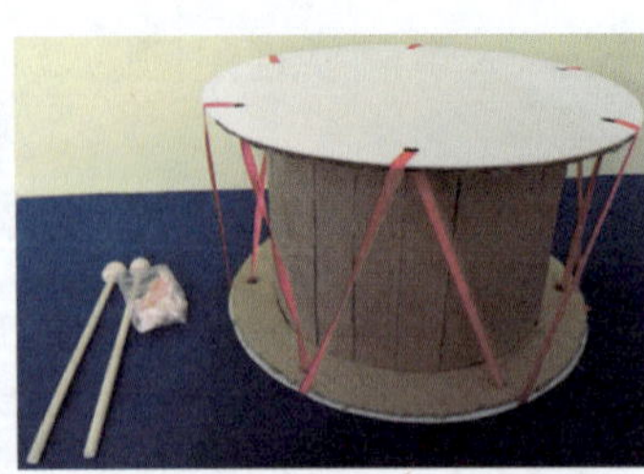
图 8-5-12

（四）使用方法

幼儿音乐活动包括歌唱活动、韵律活动、欣赏活动和打击乐活动。此教具可用于打击乐活动，再以双手或鼓棍敲打发声。演奏急速的节奏时，便能在短时间内击出较多的次数。

三、作品欣赏

图 8-5-13

图 8-5-14

图 8-5-15

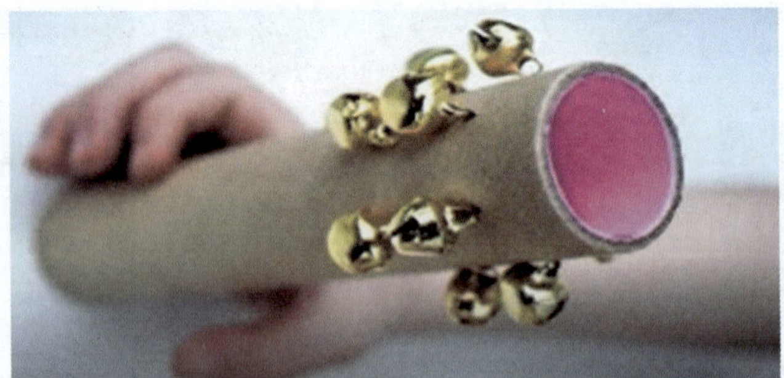
图 8-5-16

四、思考与练习

艺术教育领域的内容丰富多彩，你能结合当地民俗风情，并制作相关教具用以展示和体现本土文化，使幼儿欣赏和了解本土文化特色。

第六节　布艺教玩具制作

一、学海导航

知识与能力目标

了解布玩具的基本知识，如布玩具的特点、基本技法等。

过程与方法目标

掌握布玩具的基本制作方法。

情感、态度、价值观目标

通过练习活动，增加学生学习兴趣。

一、基础知识

布娃娃在孩子们的心目中，不单单是玩具，同时还扮演了他们的伙伴、朋友。布玩具在幼儿成长过程中的作用是不容忽视的。

（一）布玩具造型的特点

幼儿对事物的认识是单纯和直观的，他们对艺术形象的要求是既明确又生动有趣。因此，布玩具的每一种动物（或人物）都有着它的形象特征，有美丑善恶的明确表现。可以利用写实或夸张来确定玩具的造型风格和特征。（图 8-6-1）

图 8-6-1

（二）布玩具的制作的基本技法

1. 构思，内容可以是人物、动物或其他饰物，形式可以是卡通的是仿真的。

2. 剪纸型，把你设计的形象画出来，然后将每一个不同形状的局部，标出具体尺

寸，按比例画在结实的纸板上，把它们一一剪下来。

3. 裁剪，把纸型放在选好的布面上，用粉笔将形状画下来，轮廓外留出 1 厘米的缝份，然后剪下备用。

4. 利用平针法、回针法、收针法、藏针法等针法进行缝制。

5. 在缝好的小部件里均匀的填充棉花。

6. 把各个小部件组装缝接正确，缝上五官。

二、案例分析

活动名称：插兜兔

（一）活动描述

通过现场演示袜子娃娃的制作步骤和方法，激发学生的学习兴趣。

（二）工具材料

纽扣、剪刀、笔、针线、棉花、白袜子、条纹袜等。

（三）能力训练

1. 掌握制作袜子娃娃的基本方法。
2. 尝试创作更多有趣美观的布艺娃娃造型。

（四）活动过程

1. 取一只白袜子，将其翻到反面，画出兔子的耳朵。（图 8-6-2）

2. 用回针法按照画痕缝好，并将兔头以外多余的布剪下。（图 8-6-3）

3. 袜子翻到正面，袜子里塞入棉花，把头的形状塞出来（棉花可以塞得实一些），用线、珠子和纽扣缝出兔子的眼睛、鼻子和嘴巴。（图 8-6-4）

4. 用条纹袜反面画出兔子的身体，缝好，剪出。（图 8-6-5）

图 8-6-2

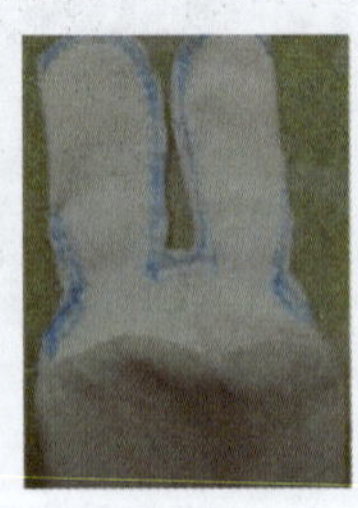
图 8-6-3

图 8-6-4

图 8-6-5

5. 翻面后再往里面均匀的填充棉花。（图 8-6-6）

6. 用收针法收口，并缝出兔子的手臂。（图 8-6-7）

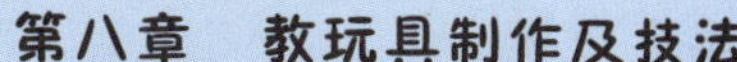

7. 把兔子的头和身子组合，这样一只可爱的插兜小兔子就完成啦！（图 8-6-8）

图 8-6-6

图 8-6-7

图 8-6-8

活动名称：小象娃娃

（一）活动描述

每个人小时候都喜欢过不同的小动物，动物玩具对我们都有一定的意义，它是一段回忆，也是一种情怀。让我们利用花布，来做一个小象娃娃。

（1）活动准备

花布 、剪刀、针线、纽扣 、棉花、纸板、笔、麻绳等。

（三）训练能力

1. 对动物想象力及对花布改造能力。
2. 对于针线的掌握力，做针线活时需要细致和耐心。

（四）活动过程

1. 在纸上画好小象的身体，并按照图片剪下来（两片），反面缝合再翻过来。相同的方法缝出耳朵。（图 8-6-9 到图 8-6-11）

图 8-6-9

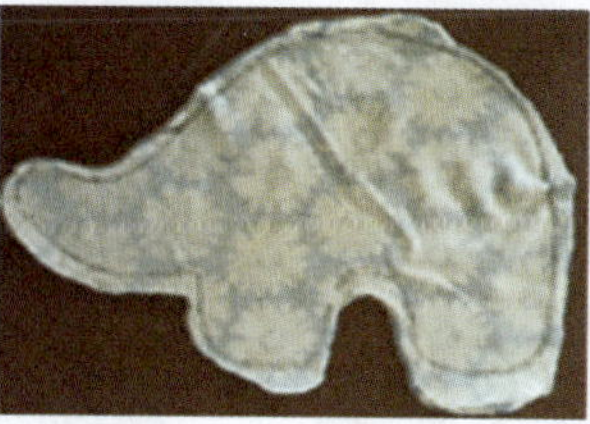
图 8-6-10

图 8-6-11

3. 在纸上画连接身体的部分，并剪下来。这个东西主要是让小象能立起来。（一片布，这里要和之前剪的小象的四肢对应起来，因为到时候要缝起来）接着把小象的身体缝起来，把身体的四肢和连接部分的四肢也缝起来。（图 8-6-12 到图 8-6-15）

4. 给小象的身体填充合适的棉花。（图 8-6-16）

5. 把耳朵缝在两侧，把塞棉花的口封住。麻绳钉在身后做尾巴，纽扣缝上当眼睛，再用黑线给小象缝上脚，可爱的小象完成啦！（图 8-6-17）

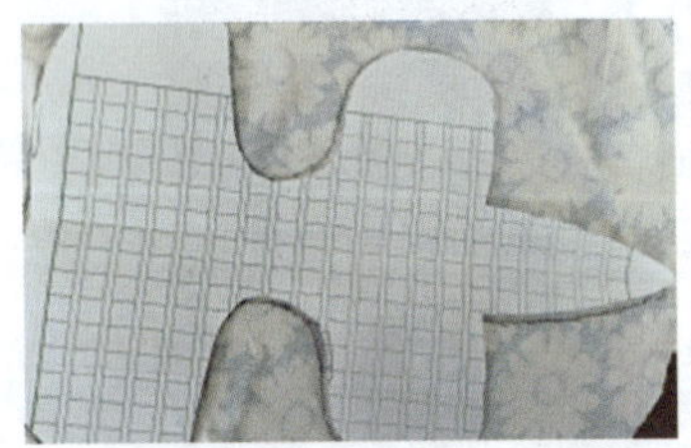
图 8-6-12

图 8-6-13

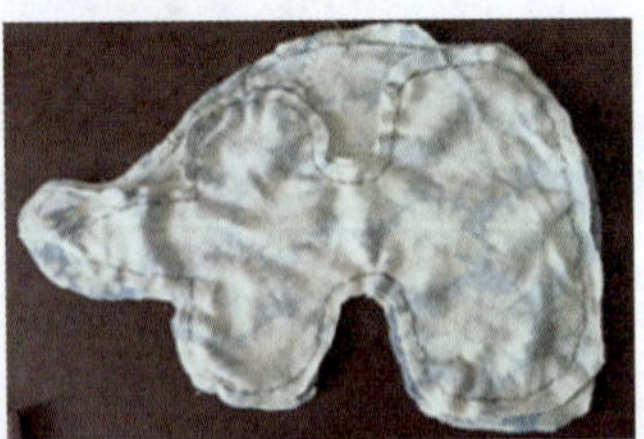
图 8-6-14

图 8-6-15

图 8-6-16

图 8-6-17

三、作品欣赏

图 8-6-18

图 8-6-19

图 8-6-20

图 8-6-21

图 8-6-22

四、思考与练习

设计制作一个袜子娃娃或者布娃娃。

参考文献

1. 荣景甡，宁绪庚．巧制作．轻工业出版社，1986.6
2. 全国中师美术教材编委会编．手工．人们美术出版社，1996.4
3. 人民教育出版社美术室．手工．人民教育出版社，2010.4

后 记

手工教育活动是对少年儿童动手动脑能力锻炼的有益教育形式。通过引导少年儿童发挥自己的想象力与创造力，利用双手操作各种简单工具，对具有可塑性的各种物质材料进行加工、改造，制作出占用一定空间的、可视化的各种艺术形象，不仅能满足儿童动手操作的愿望，而且能够让他们在积极的情绪状态下通过手工制作认识艺术构成原理、造型规律、装饰手法，促进动作的灵活性、精确性及手眼协调能力，发展想象力与创造力，形成耐心细致、勇于实践的个性品质。

但是长期以来，手工活动因其复杂性，因此在材料选择、技能使用方面具有较高的专业要求，导致很多精细复杂的手工艺难以成为我们课堂教育教学的有效资源，很多手工教材的编写者往往因为自身知识领域的限制，在教材编写的过程中，也有意无意地忽略了一些具有传统文化基因和民族特色的手工活动资源，致使市场上手工教材虽然品类繁多，但都存在一定的局限性，且对传统手工艺的传承不够。大部分的手工编写者站在技术工人的角度上，往往更强调技能技法的学习和掌握，缺乏对各类手工品种如何成为有效教育资源，面向中小学校及幼儿园学生开展手工教学的思考和感悟。这些都促使主编者和本教材编写团队冀中合力，认真编撰了这样的一本手工教程。

在编写本教材的过程中，我们参阅、借鉴了大量书籍及网络的相关文献资料，因资料浩繁，来源无法一一考证，对此表示歉意，并向被引用者表示诚挚的感谢！同时，也向组织、关心和指导本教材编写，以及参与排版印刷，使教材得以面世的诸位领导和老师们致以崇高的谢忱！由于我们水平有限，本教材中难免会存在一些不足之处，深切地希望读者在使用的过程中提出宝贵意见，以便修正，使本教材更趋完善。